AF572835

Ich blicks

Ich blicks

Johannes Storch, Corinne Morgenegg, Maja Storch, Julius Kuhl

Johannes Storch
Corinne Morgenegg
Maja Storch
Julius Kuhl

Ich blicks

Verstehe dich und handle gezielt

Johannes Storch
johannes.storch@ismz.ch

Maja Storch, Dr.
maja.storch@ismz.ch

Corinne Morgenegg
co.morgenegg@gmail.com

Julius Kuhl, Prof. Dr.
jkuhl@me.com

Bibliografische Information der Deutschen Nationalbibliothek
Die Deutsche Nationalbibliothek verzeichnet diese Publikation in der Deutschen Nationalbibliografie; detaillierte bibliografische Daten sind im Internet über http://www.dnb.de abrufbar.

Anregungen und Zuschriften bitte an:
Hogrefe AG
Lektorat Psychologie
Länggass-Strasse 76
3000 Bern 9
Schweiz
Tel: +41 31 300 45 00
E-Mail: verlag@hogrefe.ch
Internet: http://www.hogrefe.ch

Lektorat: Dr. Susanne Lauri
Bearbeitung: Elke Renz, Stutensee-Spöck
Herstellung: Daniel Berger
Gesamtgestaltung: Claude Borer, Riehen
Druck und buchbinderische Verarbeitung: Finidr s.r.o., Český Těšín
Printed in Czech Republic

1. Auflage 2016

(E-Book-ISBN_PDF 978-3-456-95574-2)
(E-Book-ISBN_EPUB 978-3-456-75574-8)
ISBN 978-3-456-85574-5

Inhalt

Einleitung 7

PSI-Theorie 9
- Begriffsklärung – Affekt, Gefühl und Stimmung 10
- Die vier Funktionssysteme 12
  - Das Selbst 12
  - Der Fehler-Zoom 14
  - Die intuitive Verhaltenssteuerung 16
  - Der Verstand 18
- Zusammenspiel der Funktionssysteme 22
- Charaktere der «Grob Solutions GmbH» – Erstreaktion 23
  - Das Selbst: A(–) 24
  - Der Fehler-Zoom: A– 28
  - Die intuitive Verhaltenssteuerung: A+ 32
  - Der Verstand: A(+) 36
- Geschichten aus der «Grob Solutions GmbH» – Erstreaktion 40
- Selbststeuerung Ihrer affektiven Reaktion 64

Erstreaktion und Zweitreaktion (J. Kuhl) 69

ZRM-Seminar (Zürcher Ressourcen Modell) 77
- Rubikon-Prozess 80
- Zwei Systeme: Verstand und Unbewusstes 83
- Somatische Marker 85
- Die Affektbilanz 88

Die Bildwahl ... 98
Der Ideenkorb ... 105
Auswerten des Ideenkorbs ... 111
Die Absichtsformulierung ... 118
Motto-Ziele ... 126
Priming ... 157
Situationstypen-ABC ... 173
Wenn-Dann-Pläne ... 194
Seminarende ... 207

Wie es weiterging ... 211

Ich und die anderen ... 221
Umgang mit anderen im Geschäftskontext ... 223
Umgang mit anderen in der Familie ... 236

Anhang ... 243
Selbst-Test: PSI-Typ ... 244
Die-anderen-Test: PSI-Typ ... 247
Literaturverzeichnis ... 250
Die Autoren ... 252
Adressen im Internet ... 254

Einleitung

Mit diesem Buch wollen wir einen Beitrag dazu leisten, dass Menschen lernen, sich selbst zu verstehen. «Ich blicks»: Diesen Titel haben wir gewählt, um den Aha-Moment zu beschreiben, in dem man eine Einsicht gewinnt, die nachhaltige Änderungen bewirkt. In dem Titel «Ich blicks» schwingt auch mit, dass diese Einsicht eine Erleichterung mit sich bringt, die entlastend wirken kann. Entlastend ist, dass das psychische Geschehen mit der hier dargestellten Theorie, der Theorie der Persönlichkeits-System-Interaktionen (PSI-Theorie), nachvollziehbar und wissenschaftlich fundiert beschrieben wird. Insbesondere die Thematik des Unbewussten – in der Literatur oft etwas nebulös behandelt – wird durch die Beschreibungen der PSI-Theorie präzise erklärt, fassbar und nachvollziehbar. Das ZRM (Zürcher Ressourcen Modell)-Training, das sich an die Einsicht in das eigene psychische Geschehen anschließt, erlaubt es, in systematischen Schritten das eigene Handeln neu auszurichten, wenn man das wünscht.

Wenn man sich selbst gut versteht und deshalb auch mit sich im Reinen ist, dann kann man dieses Wissen natürlich auch auf seine Umwelt anwenden. Mit welchen Persönlichkeitstypen komme ich besonders gut aus? Welcher Menschenschlag bereitet mir eher Mühe? Gibt es bestimmte Kolleginnen und Kollegen im Team, bei denen der Ärger dauernd hochkocht? Habe ich in der Familie, im Privatleben, bestimmte Alarmsituationen, die regelmäßig zu heftigem, fruchtlosem Streit führen?

Am Beispiel von vier Mitarbeitenden einer kleinen Firma stellen wir die prägnantesten Persönlichkeitstypen und deren Stärken und Schwächen so vor, dass viele Aha-Erlebnisse und Ich-blicks-Einsichten möglich sind.

Wir wünschen viel Spaß beim Lesen!

September 2015, Zürich und Osnabrück,
Johannes Storch, Corinne Morgenegg, Maja Storch, Julius Kuhl

PSI-Theorie

Begriffsklärung – Affekt, Gefühl und Stimmung

In der Psychologie wird das Wort «Gefühl» oft verwendet für bewusst erlebte angenehme oder unangenehme Empfindungen. Wir hingegen verwenden hier «Gefühl» als Oberbegriff für alle emotionalen Empfindungen, egal ob sie bewusst oder unbewusst sind. Wenn Gefühle über längere Zeit anhalten, sprechen wir von Stimmungen. Stimmungen entstehen selten aufgrund einer einzelnen Empfindung. Wenn aber mehrere positive oder negative Erlebnisse in Folge auftreten, kann allmählich die Stimmung kippen.

In der PSI-Theorie ist häufig von «Affekten» die Rede. Unter Affekten verstehen wir die einfachsten Gefühle oder Gefühlsregungen. «Einfach», weil sie ganz ohne bewusste Überlegungen oder höhere Erkenntnisse auf einer Ebene im Gehirn entstehen, auf der zwischen positiven und negativen Affekten unterschieden wird. Die positiven Affekte werden im sogenannten Belohnungssystem und die negativen Affekte im Bestrafungssystem generiert. Mit diesen beiden Systemen gelingt es selbst einfachen Organismen, zu unterscheiden, ob ihnen etwas guttut oder nicht, ob sie eine Situation oder ein Objekt wieder aufsuchen oder nächstes Mal besser meiden sollen.

Weil im Gehirn positive und negative Affekte durch zwei unterschiedliche Systeme erzeugt werden, ist es wichtig, positive und negative Affekte immer getrennt voneinander zu betrachten. Bei positiven Affekten spielt der Nucleus accumbens als Teil des Belohnungssystems eine große Rolle, bei negativen Affekten die Amygdala als Teil des Bestrafungssystems. Aufgrund dieser beiden separaten Systeme ist es möglich, dass wir auf ein und dieselbe Sache sowohl mit positivem als auch mit negativem Affekt reagieren. Wir haben dann sogenannte gemischte Gefühle.

In der PSI-Theorie wird nicht nur zwischen positivem und negativem Affekt unterschieden, sondern auch die Stärke der Affekte beachtet. Positive und negative Affekte können beide sowohl schwach als auch stark ausgeprägt sein. In der PSI-Theorie spricht man bei schwach ausgeprägten Affekten von einer gedämpften und bei stark ausgeprägten Affekten von einer aktivierten Affektlage.

Die daraus folgenden vier Affektlagen, die in der PSI-Theorie unterschieden werden, stellen wir in diesem Buch wie folgt dar:

Vier Affektlagen

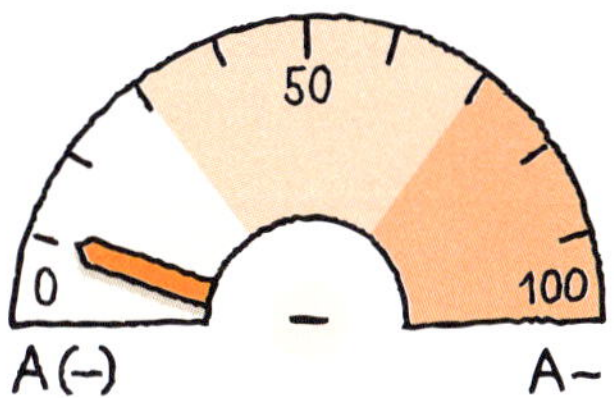

gedämpfter negativer Affekt
= **A(–)**

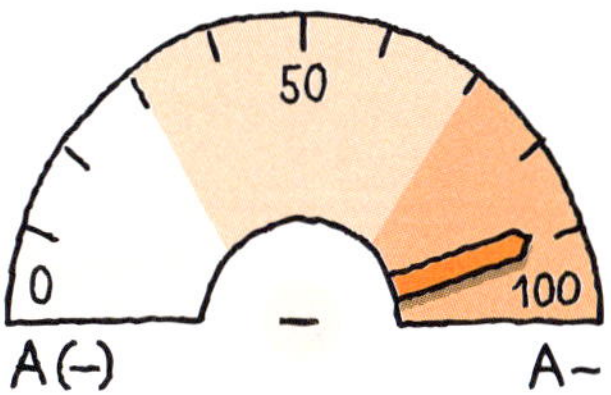

aktivierter negativer Affekt
= **A–**

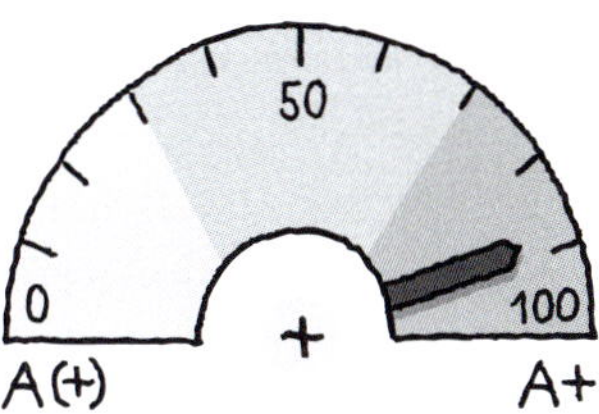

aktivierter positiver Affekt
= **A+**

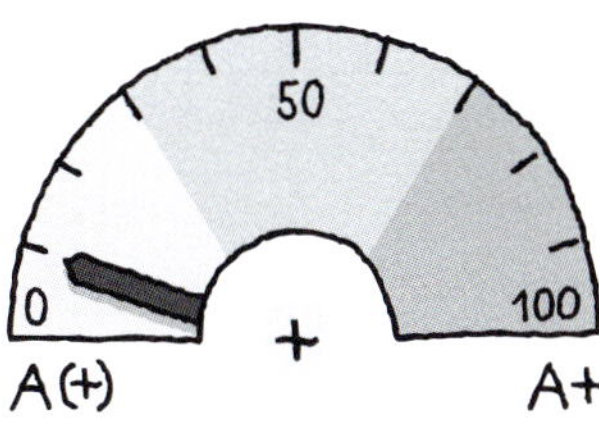

gedämpfter positiver Affekt
= **A(+)**

Die vier Funktionssysteme

Die PSI-Theorie unterscheidet vier verschiedene Affektlagen, die jeweils ein anderes psychisches Funktionssystem intensivieren. Das Zusammenspiel der Funktionssysteme ist dafür verantwortlich, wie wir die Welt wahrnehmen, wie wir denken, fühlen und handeln. Gedämpfter negativer Affekt A(–) intensiviert das Funktionssystem des Selbst, aktivierter negativer Affekt A- den Fehler-Zoom. Aktivierter positiver Affekt A+ verstärkt die intuitive Verhaltenssteuerung, gedämpfter positiver Affekt A(+) hingegen den Verstand mitsamt den bewussten Zielen und Vorsätzen.

Das Selbst

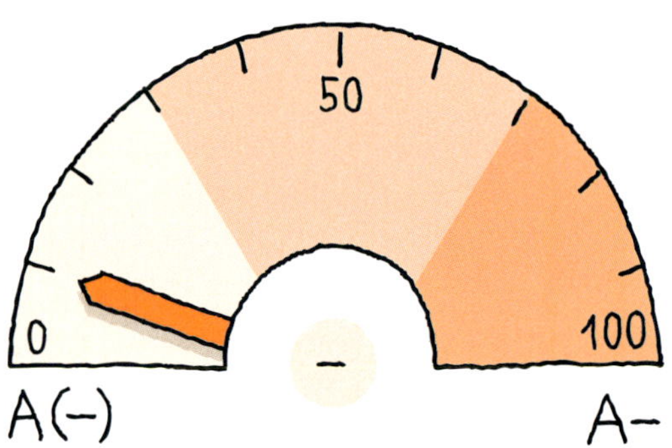

Negativer Affekt ist gedämpft, **A(–)**

Stellen Sie sich vor, Sie sitzen nach einem anstrengenden Arbeitstag ruhig und gelassen in Ihrem Garten, schauen auf den See hinaus und lassen entspannt Ihren Blick schweifen. Ihr negativer Affekt ist jetzt gedämpft, Ihr Selbst ist stärker aktiviert als vorher. In dieser Stimmung gelingt es Ihnen leicht, von neuen Abenteuern zu träumen und neue Projekte zu generieren. Ihnen fallen Lösungen ein, nach denen Sie vielleicht schon seit Wochen suchen. Einfach so, als fielen sie vom Himmel direkt in Ihren Schoß. Mit diesem entspannten Gefühl haben Sie Zugriff auf die gesamten Erfahrungen, die Sie in Ihrem Leben gemacht haben. Ihre Gedanken können ungehindert zwischen allen Regionen Ihres Gehirns hin und her wandern. Keine Aufmerksamkeit behindert sie oder schränkt sie ein. Während Sie so vor sich hin träumen, entwirft Ihr Gehirn die abenteuerlichsten Vorschläge, Überlegungen und Kombinationen, verwirft sie wieder und kreiert neue, ohne dass Sie das bewusst steuern. Es macht Ihnen noch nicht einmal etwas aus, dass es jetzt anfängt, leicht zu regnen. Sie schnappen sich die Decke, die neben Ihnen liegt, und genießen das sanfte Rauschen der Regentropfen auf dem Vordach. So fühlt sich für Sie Erholung an, und Sie spüren eine angenehme Zufriedenheit mit sich und Ihrem Leben.

Wenn wir uns im Funktionssystem des Selbst aufhalten, können wir sehr gut mit Stress umgehen und negative Gefühle schnell und nachhaltig bewältigen. Wir haben ein gutes Gespür dafür, was uns guttut, und vermeiden automatisch Situationen, die uns belasten könnten. Mit dieser ausgesprochenen Unbekümmertheit können wir jedoch unnahbar und oberflächlich wirken. Die Kehrseite dieser entspannten Stimmungslage ist ferner, dass durch den gedämpften negativen Affekt der Fehler-Zoom fehlt und wir den Blick für unangenehme Details verlieren. Aber nur durch das Zulassen von negativem Affekt ist eine detaillierte Analyse eines Misserfolgs möglich. So können Ungereimtheiten erkannt und neue Erfahrungen in unseren Erfahrungsschatz integriert werden.

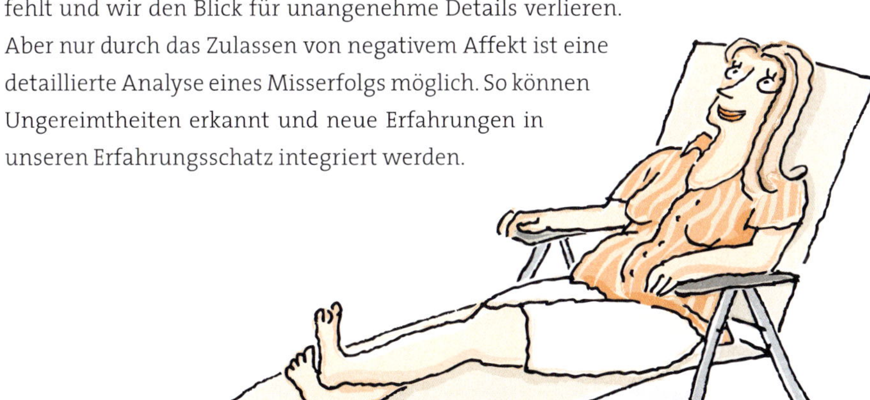

Der Fehler-Zoom

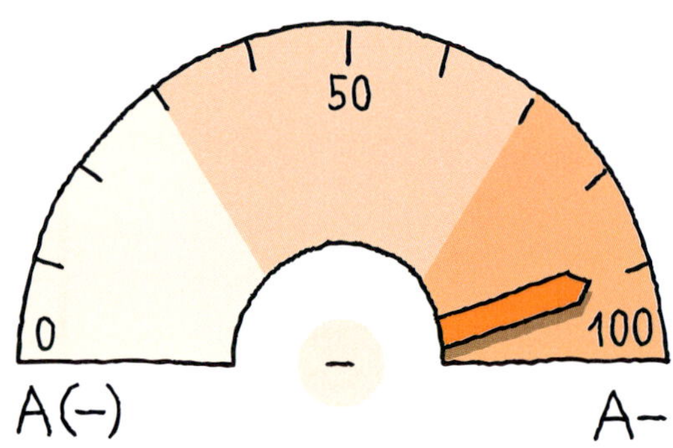

Negativer Affekt ist aktiviert, **A–**

Sie steigen nach einem anstrengenden Arbeitstag in Ihr Auto und hatten eben noch eine Auseinandersetzung mit Ihrer Chefin. Bevor Sie den Zündschlüssel umdrehen, lassen Sie den Streit nochmals vor Ihrem inneren Auge ablaufen. Sie überlegen sich, was der Auslöser war, wer was gesagt hat und wie verletzend die Aussagen für Sie waren.

- Wie konnte es so weit kommen?
- Was denkt Ihre Chefin nun von Ihnen?
- Wie lange wird die schlechte Stimmung zwischen Ihnen und Ihrer Chefin anhalten?
- Was hätten Sie anders tun können?
- Wie werden Sie sich morgen verhalten?

Ihre Gedanken kreisen wie wild um die Geschehnisse. Der negative Affekt ist aktiviert und deshalb auch Ihr Fehler-Zoom, was dazu führt, dass Sie ängstlich und besorgt sind. Selbst jetzt, dreißig Minuten nach der Auseinandersetzung, grübeln Sie noch immer über die Einzelheiten des Geschehens nach. Dieser negative Affekt und die entsprechende Stimmungslage begleiten Sie den ganzen Abend. Als Sie nach Hause kommen, merkt Ihr

Partner sofort, dass etwas nicht stimmt. Auch Ihre Kinder bekommen es deutlich zu spüren, weil Sie gereizter und kleinlicher sind als üblich. In den Kinderzimmern fällt Ihnen die Unordnung auf, die Sie sonst nie stört. Die Musik ist zu laut, die Antworten sind zu frech. Beim Abendbrot sind die Kinder zu unruhig, und selbst der Hund scheint mehr zu betteln als üblich. Je länger dieser negative Affekt anhält, desto schlechter wird Ihre Stimmung.

Wenn wir uns im Funktionssystem des Fehler-Zooms aufhalten, sind wir deutlich empfindlicher als üblich und stolpern über jede Ungereimtheit. Das ist in gewissen Situationen oder in bestimmten Berufen sehr von Vorteil. Zum Beispiel, wenn es darum geht, mögliche Fehler oder Gefahrenquellen zu entdecken oder sehr sorgfältig und genau zu arbeiten. Wenn wir jedes Haar in der Suppe finden, können wir von der Umwelt jedoch als kritisch, humorlos und kleinlich wahrgenommen werden. Der Zugang zum Selbst ist durch den aktivierten negativen Affekt verwehrt, und wir haben somit nicht den ausgedehnten Zugang zu unseren persönlichen Bedürfnissen, den das Selbst vermittelt. Das kann auf Dauer zu Überlastung und Erschöpfung führen, weil uns das Gespür, was uns guttut und was abträglich für unser Wohlbefinden ist, verloren geht.

Die intuitive Verhaltenssteuerung

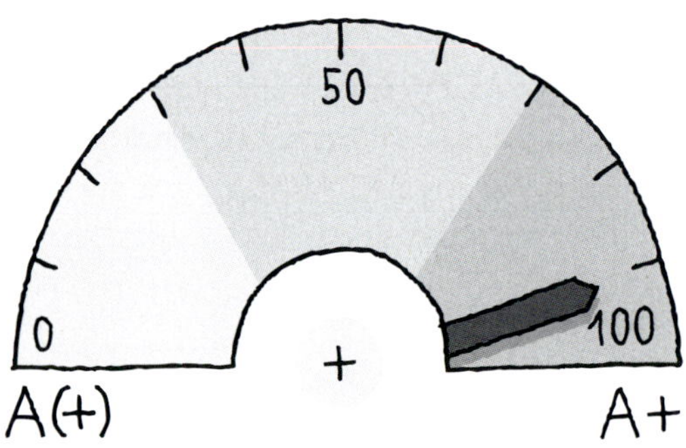

Positiver Affekt ist aktiviert, **A+**

Stellen Sie sich vor, Sie wären an einem schönen Sommertag mit Ihren Kindern im Freibad und planschten mit ihnen im Kinderbecken. Sie spielen und lachen. Ihr positiver Affekt ist aktiviert und damit auch Ihre intuitive Verhaltenssteuerung. Das führt dazu, dass Sie freudig und tatkräftig sind. Hemmungen, die Sie sonst davon abhalten, spontan zu handeln, werden im Nu aus dem Weg geräumt oder existieren auf einmal gar nicht mehr. Deshalb lassen Sie sich auch dazu hinreißen, mit Ihrem Kind auf die Kinderrutsche zu gehen und in möglichst hohem Tempo runterzuflitzen. Auch wenn Sie sonst eher zurückhaltend sind, lassen Sie sich von der ausgelassenen Stimmung anstecken und kehren nach einer Stunde erschöpft, mit glühenden Wangen, aber fröhlich auf Ihre Decke zurück.

Wenn wir uns im Funktionssystem der intuitiven Verhaltenssteuerung aufhalten, sind wir sehr begeisterungsfähig und haben schier unerschöpfliche Handlungsenergie. Da die intuitive Verhaltenssteuerung Zugriff auf viele gelernte und automatisierte Verhaltensweisen hat, gelingt es uns damit mühelos, unsere Vorhaben in die Tat umzusetzen. Langeweile ist uns fremd, und unser Leben scheint viel zu kurz, um es mit Nachdenken und Abwarten zu verbringen. Wir probieren lieber gleich aus, anstatt lange zu überlegen. Das kann sich natürlich auch nachteilig auswirken. Vor lauter

Spontaneität hinterlassen wir einen wenig reflektierten und unüberlegten Eindruck. Aktivierter positiver Affekt lässt uns spontan handeln und schwächt den Zugang zum Verstand und damit zu planvollem Vorgehen. Gerade bei größeren Projekten, bei denen nicht auf Routinen zurückgegriffen werden kann, ist dies aber notwendig. Es fällt uns auch schwer, mit einer Handlung bis zum richtigen Zeitpunkt abzuwarten. Denn langfristige Vorhaben und vorausschauende Planung lassen sich nur mit dem Verstand gut bewältigen.

Der Verstand

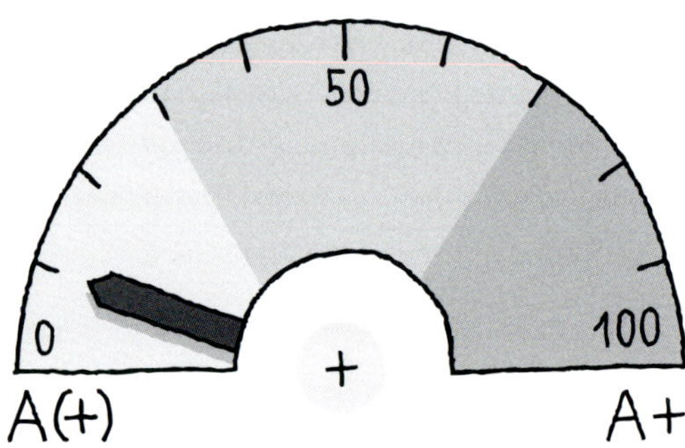

Positiver Affekt ist gedämpft, **A(+)**

Wenn Sie heute Abend Gäste zu einem Käsefondue eingeladen haben und gerade dabei sind, Ihren Einkauf zu planen, stehen Sie wahrscheinlich in nüchterner und sachlicher Stimmung in der Küche. Sie öffnen den Kühlschrank und den Vorratsschrank, um zu überprüfen, ob noch genügend Knoblauch, Weißwein, Maisstärke und Kirschwasser vorhanden sind. Mit gedämpftem positivem Affekt berechnen Sie die Menge an Käse und Brot, die Sie einkaufen müssen, und schreiben Ihren Einkaufszettel. Der Verstand übernimmt hier die Steuerung von Denken und Verhalten, was dazu führt, dass Sie zurückhaltend und nüchtern vorgehen. Die nüchterne und sachliche Stimmung versetzt Sie in die Lage, Vorhaben zu planen und so lange aufzuschieben, bis der richtige Moment zum Handeln gekommen ist. Erst wenn Sie sich sicher sind, dass Sie alle Aspekte und Details berücksichtigt haben, schreiten Sie zur Tat. Das verhindert, dass Sie abends, kurz bevor die ersten Gäste kommen, noch schnell zur Tankstelle fahren müssen, weil Sie bei Ihrem Einkauf den Wein vergessen haben.

Wenn wir uns im Funktionssystem des Verstandes aufhalten, sind wir besonders gut im Planen von Vorhaben. Wir nehmen uns die nötige Zeit, um alles genau zu überdenken. Erst wenn sämtliche Eventualitäten in unsere Planung eingeflossen sind, schreiten wir zur Tat. Selbst langfristige

Planungen sind dann für uns kein Problem. Wir verlieren Vorhaben, die wir nicht sofort umsetzen können, niemals aus den Augen und können langfristig große Vorteile den kurzfristig kleinen Vorteilen vorziehen. Allerdings wirken wir mit unserer Strukturiertheit und unseren Plänen auf unsere Umwelt möglicherweise nüchtern und freudlos. Mit gedämpftem positivem Affekt ist der Zugang zur intuitiven Verhaltenssteuerung erschwert. Geplante Handlungen in die Tat umzusetzen, gelingt jedoch deutlich besser, wenn positiver Affekt aktiviert ist.

	Selbst (–)	**Fehlerzoom –**

Affekt	gedämpfter negativer Affekt A(–)	aktivierter negativer Affekt A–
Funktionen	▪ Überblick haben ▪ viele Gefühle und Körpersignale einbinden	▪ Details beachten ▪ auf Einzelgefühle fixiert bleiben
Vorteile	▪ Selbstberuhigung – guter Umgang mit Stress – schnelle und nachhaltige Bewältigung von negativen Gefühlen ▪ Kreativität	▪ Selbstkonfrontation – Misserfolge beachten – Fehler und Gefahren entdecken ▪ Gründlichkeit
Nachteile	▪ Gefahr, negativen Stimmungen und leidvollen Erfahrungen auszuweichen ▪ nicht bewusst kontrollierbar	▪ Grübeln, Gedankenkreisen, übermäßiger Perfektionismus

	Intuitive Verhaltenssteuerung + 	**Verstand (+)** 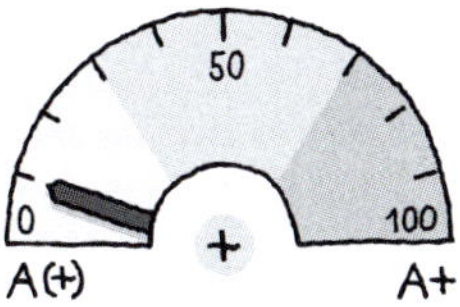
	0 50 100 A(+) + A+	0 50 100 A(+) + A+
Affekt	aktivierter positiver Affekt A+	gedämpfter positiver Affekt A(+)
Funktionen	▪ Handlungsroutinen / Automatismen ausführen	▪ rational planen
Vorteile	▪ Selbstmotivierung – ermöglicht spontanes Handeln – bringt viel Handlungsenergie mit sich ▪ Spontaneität	▪ Selbstbremsung – verhindert vorschnelles Handeln – ermöglicht Bedürfnisaufschub ▪ überlegtes Vorgehen
Nachteile	▪ Konsequenzen werden nicht bedacht ▪ Ausdauer fehlt	▪ Mangel an Handlungsenergie, man kommt nicht von der Planung in die Handlung

Zusammenspiel der Funktionssysteme

Jeder Mensch verfügt über alle vier Funktionssysteme, arbeitet jedoch bevorzugt mit nur einem oder zwei der vier. Mit größter Wahrscheinlichkeit haben auch Sie Ihre stark bevorzugten Funktionssysteme, sodass Sie die anderen zu wenig nutzen. Optimal ist, wenn Sie auf alle vier Funktionssysteme gleichermaßen schnell und zuverlässig Zugriff haben. Das ist aber wahrscheinlich nicht der Fall, da Sie aufgrund der Genetik und Lernerfahrung in der frühen Kindheit zu einem Experten eines der vier Systeme geworden sind. Nach der PSI-Theorie ist es eine Lebensaufgabe, Experte aller Funktionssysteme zu werden.

Charaktere der «Grob Solutions GmbH» – Erstreaktion

Um zu erklären, wie wir so geworden sind und warum wir uns genau so verhalten und nicht anders, unterscheidet die PSI-Theorie zwischen der Erstreaktion und der Zweitreaktion. Dabei ist mit Erstreaktion unsere bevorzugte Affektlage und das damit verbundene Funktionssystem gemeint, zu der wir aufgrund unserer genetischen Vorprägung und unserer in der frühen Kindheit gemachten Erfahrungen gelangt sind. Bestimmt kennen auch Sie Kinder, die sich häufig schüchtern und ängstlich am Rockzipfel der Mutter festhalten, während andere Kinder mutig und spontan immer mal wieder unbemerkt ausbüchsen. Hier ist die Erstreaktion, das heißt, die Sensibilität für einen bestimmten Affekt und damit die Art, wie ein Kind spontan reagiert, schön zu beobachten. Während das Rockzipfel-Kind schnell negativen Affekt aktiviert und sich deshalb ängstlich hinter der Mutter versteckt, aktiviert das Ausbüchser-Kind schnell positiven Affekt und erkundet mutig die Welt. Die Erstreaktion erfolgt willkürlich, ohne bewusste Einflussnahme, und ändert sich, wenn überhaupt, nur sehr langsam. Wenn wir uns selbst beschreiben, dann genau mit dieser Erstreaktion: «So bin ich halt.»

Wir wollen Ihnen die vier Funktionssysteme anhand unserer vier Protagonisten genauer erläutern und Ihnen eine erste Möglichkeit geben, sich selbst und somit auch Ihr bevorzugtes Funktionssystem einzuschätzen. Die folgende Geschichte handelt von einem Kleinbetrieb, der «Grob Solutions GmbH», die Software-Lösungen für Kassensysteme verkauft. Zuerst einmal stellen wir Ihnen vier Mitarbeitende der Firma vor und zeigen, mit welchem der vier Funktionssysteme die vorgestellten Personen bevorzugt arbeiten.

Das Selbst: A(–)

Thomas Grob, der Geschäftsinhaber der «Grob Solutions GmbH», ist 46 Jahre alt und lebt nach dem Motto: Es kommt schon alles gut. Er ist der geborene Chef, denn für jedes Problem hält er sofort eine Lösung bereit, und überhaupt ist er durch nichts aus der Ruhe zu bringen, weder im Beruf noch im Privaten.

«Ein Chef muss nicht alles selber machen können, er muss nur die richtigen Leute dafür haben. Ich kümmere mich gerne um das große Ganze und darum, dass der Laden brummt. Und dazu braucht es jemanden, der alles überblickt und managt, und keinen Fachidioten.»

Thomas ist verheiratet und stolzer Vater von vier Kindern zwischen zwölf und achtzehn Jahren.

«Meine Kinder sind toll und eigentlich auch völlig problemlos. Ist doch halb so wild, wenn Sofie mit einem kleinen Tattoo nach Hause kommt. Sie ist achtzehn, also volljährig. Das ist doch ihre Sache! Und wenn Tim seine Hausaufgaben nicht macht, dann ist das noch lange kein Grund zur Aufregung, sondern im Pubertätsalter einfach normal. Ich war in dem Alter auch nicht besser, und trotzdem habe ich es zu meiner eigenen Firma gebracht.»

Thomas' Frau Irene sieht das etwas anders, was immer mal wieder Anlass zu Diskussionen gibt.

«Tja, bei uns ist ganz klar Irene die Besorgte und Ängstliche. Sie sieht Katastrophen voraus, obwohl noch kein Wölkchen den Himmel trübt. Aber Diskussionen gehören in jede gute Ehe, genauso wie in jedes gute Team. Jeder soll das Recht haben, seine Bedenken oder Wünsche zu äußern. Meine Aufgabe ist es eben, die Wogen zu glätten und alle zu beruhigen, daheim und im Geschäft. Am Ende geht ja doch alles immer wieder gut aus.»

Seit einiger Zeit geht Thomas' Frau regelmäßig zum Yogaunterricht.

«Seit Irene Yoga macht, ist sie viel ruhiger geworden. Das zeigt mir doch ganz klar, Selbstberuhigung ist lernbar. Das versuche ich auch schon seit zehn Jahren Rita, meiner Buchhalterin, beizubringen.»

In der Freizeit geht Thomas gern mit zwei alten Studienkollegen angeln. Während sie darauf warten, dass die nächste Forelle anbeißt, unterhalten sie sich gern über die guten alten Zeiten an der Uni. Schon damals war Thomas von vielen Kommilitonen für seine lockere Art bewundert worden, keiner ist bei Referaten so souverän aufgetreten wie er. Selbst wenn er einmal nicht so gut vorbereitet war, konnte er durch seine selbstbewusste Art alle von sich überzeugen. Er war schon damals durch nichts aus der Ruhe zu bringen, was ihm den Spitznamen «der lebende Buddha» einbrachte.

Thomas' bevorzugtes System, mit dem er seinen Alltag meistert, ist das Selbst. Das Selbst kann Informationen parallel und ganzheitlich verarbeiten. Mit ihm kann man verschiedene Aspekte einer Erfahrung gleichzeitig berücksichtigen und hat so, auch bei schwierigen Situationen, immer den Überblick. Diese Art der Informationsverarbeitung läuft zum größten Teil unbewusst ab.

Das Selbst gilt in der PSI-Theorie als der Teil des Erfahrungsgedächtnisses, der sich auf die eigene Person mit all ihren Bedürfnissen, Vorlieben, Ängsten, aber auch Fähigkeiten und Werten bezieht. Es hat den Zugang zu sämtlichen Lebenserfahrungen, die in einer bestimmten Situation wichtig sein können. Durch seine parallele Informationsverarbeitung ermöglicht es die gleichzeitige Berücksichtigung vieler Einzelaspekte und die kreative Lösung von schwierigen Problemen.

Menschen, die wie Thomas einen guten Zugang zu ihrem Selbst haben, können hervorragend mit Stress umgehen und negative Gefühle schnell und nachhaltig bewältigen. Diese Bewältigung ist so nachhaltig, weil das Selbst vieles anzubieten hat, das dauerhafte Beruhigung bringt: Handlungsmöglichkeiten, Problemlösungen, Sinn stiftendes Verstehen und nicht zuletzt: eine umfassende Vernetzung mit Gefühlen und sogar vielen körperlichen Prozessen (bis hin zum Immunsystem). Das ist gut für ein psychisch gesundes und stressfreies Leben. Die ausschließliche Nutzung dieses Funktionssystems birgt allerdings die Gefahr, dass man negativen Stimmungen und leidvollen Erfahrungen ausweicht und nichts Negatives an sich herankommen lässt. Neue Erfahrungen können aber nur dann ins Selbst integriert und nur dann kann daraus gelernt werden, wenn man sich aktiv mit dem Problem, das den Misserfolg verursacht hat, auseinandersetzt. So kann die Erfahrungsbibliothek des Selbst erweitert werden, um künftig zu vermeiden, den Fehler zu wiederholen. In der PSI-Theorie ist das die Fähigkeit zur Selbstkonfrontation.

Die Lernaufgabe von Thomas ist, seinen Blick für Details zu schärfen, indem er zwischendurch den negativen Affekt aktiviert. Die aus dieser Selbstkonfrontation gewonnenen neuen Erfahrungen und Erkenntnisse kann er dann in sein Selbst integrieren und seinen Erfahrungsschatz vergrößern.

Lernaufgabe Thomas

Der Fehler-Zoom: A–

Rita Schneebeli ist 52 Jahre alt und zuständig für die Buchhaltung und die Administration der «Grob Solutions GmbH». Mit ihrem Hang zum Perfektionismus ist sie die ideale Besetzung für diese Aufgaben. Aufgrund ihrer Empfindsamkeit hat sie ein untrügliches Gespür für die Wünsche und Sorgen der anderen. Rita ist eine zierliche Frau, die sehr auf ihr Äußeres achtet und stets bemüht ist, alles richtig zu machen.

«Ungenauigkeiten und Fehler mag ich nicht, deshalb arbeite ich immer sehr pflichtbewusst und genau. Ich gebe im Geschäft einfach immer mein Bestes. Aber auch zu Hause versuche ich, eine perfekte Hausfrau zu sein.»

Rita ist eine leidenschaftliche Köchin, denn gesundes und frisches Essen ist für sie die Voraussetzung für gute Gesundheit. Was sie richtig wütend machen kann, ist, wenn ihr Mann ihr liebevoll zubereitetes Essen, ohne zu kosten, nachwürzt.

«Das macht er schon, seit wir uns kennen, also schon seit 21 Jahren. Und es ärgert mich jedes Mal aufs Neue. Aber noch mehr ärgert mich, dass ich mich nach 21 Jahren immer noch darüber aufregen muss. Ich kann mich einfach nicht daran gewöhnen. Wissen Sie, was ich meine?»

Im Sommerurlaub geht Rita gerne campen. Auf dem Campingplatz sieht es drinnen im Wohnwagen wie draußen im Vorzelt picobello aus. Jedes Handtuch hat seinen fixen Platz auf der Leine, die Küche ist immer aufgeräumt, und vor dem Zubettgehen stapelt Rita alle Stühle im Vorzelt auf, damit es ordentlich aussieht. Es ist für sie unverständlich, dass die Zeltnachbarn abends ihre leeren Weinflaschen, die gebrauchten Gläser und den vollen Aschenbecher bis zum nächsten Morgen einfach auf dem Tisch stehen lassen.

Im letzten Sommer haben Rita und ihr Mann begonnen, zu golfen, und dieses Jahr möchten die beiden die Platzreife erwerben. Den theoretischen Teil über die Golfregeln und die Golf-Etikette hat Rita zum Glück bereits hinter sich gebracht. Sie hat sich damals mächtig ins Zeug gelegt, indem sie mehrmals das Regelbuch durchlas,

wichtige Passagen markierte und fast täglich online Prüfungsfragen beantwortete. Ihr Mann hatte noch kaum mit dem Lernen begonnen, als Rita schon bestens Bescheid wusste. Und trotzdem hat sie den Stoff täglich von Neuem repetiert.

«Ich hatte fürchterliche Angst, die Prüfung nicht zu bestehen. Die Angst, zu versagen, mich zu blamieren oder etwas zu vermasseln, begleitet mich leider schon mein ganzes Leben lang.»

Selbstverständlich hat sie die Prüfung beim ersten Mal bestanden.

«Ja, ich hab bestanden, war aber nicht so ganz zufrieden mit dem Resultat. Ich hätte eigentlich noch besser abschneiden können. Da waren noch einige unnötige Fehler drin.»

Ritas einziges Laster ist das Rauchen. Sie hat deshalb auch ein schlechtes Gewissen und sorgt sich ernsthaft um ihre Gesundheit. Damit ihr Zigarettenkonsum nicht überhandnimmt und weil sie gerne alles unter Kontrolle hat, führt sie darüber seit Jahren Statistik in Form einer Excel-Tabelle.

«Sieben Zigaretten am Tag erlaube ich mir, das ist gerade noch vertretbar. An manchen Tagen mit besonderen Anlässen gelingt mir das aber leider nicht, dann kompensiere ich das an anderen Tagen. Wenn ich zum Beispiel weiß, dass wir am Wochenende zu einer Feier eingeladen sind oder der monatliche Kegelabend ansteht, dann rauche ich einfach jeden Tag davor je zwei Zigaretten weniger. Damit ich das auch sicher im Griff habe, berechne ich monatlich meinen durchschnittlichen Tageskonsum. Und so halte ich meinen Schnitt von sieben Zigaretten pro Tag schon seit sieben Jahren. Genau genommen sind es sogar nur 6,4 Zigaretten, aber das sind Details.»

Rita kann – dank ihrem scharfen Blick und ihrem untrüglichen Gespür für mögliche Fehler und Gefahrenquellen – Dinge, die von ihren Erwartungen oder Wünschen abweichen, schon frühzeitig erkennen. Die Beachtung von Details ist immer dann besonders wichtig, wenn es gilt, einen Fehler rechtzeitig aufzuspüren und ihn später, auch in anderen Zusammenhängen, wiederzuerkennen. Ohne diese Fähigkeit kann es leicht passieren, dass man denselben Fehler mehrmals macht und nicht erkennt, woran es gelegen hat.

Der Fehler-Zoom lenkt den Blick auf einzelne Aspekte und Details in unserer Innen- und Außenwelt und macht uns auf Neues, Unerwartetes und auf mögliche Missstände aufmerksam. Dieser Blick fürs Detail kann einerseits hilfreich sein, wenn es darum geht, gründlich und genau zu arbeiten oder den Grund eines Fehlschlags oder Misserfolgs zu identifizieren. Andererseits kann es für die Umwelt nervend sein, wenn Menschen wie Rita mit ihrem Blick für Kleinigkeiten in einer frisch geputzten Wohnung als Erstes auf den Staub hinweisen, der noch auf dem Fensterbrett liegt.

Menschen, die vornehmlich den Fehler-Zoom benutzen, leben mit aktiviertem negativem Affekt. Der negative Affekt sorgt dafür, dass sie mit einer erhöhten Aufmerksamkeit ihre Umgebung nach Fehlern, Schwierigkeiten und Ungereimtheiten scannen. Denn die Aufgaben dieses Systems sind das Entdecken, Wiedererkennen, Kategorisieren und Benennen. Deshalb bemerken diese Menschen auch jeden noch so kleinen Fehler und jedes Haar in der Suppe. Und ein entdeckter Fehler kann mit diesem System nicht einfach großzügig übersehen oder beschönigt werden. Denn objektiv gesehen ist er ein Fehler. Das führt dazu, dass Menschen wie Rita einen Hang zum Perfektionismus haben und zum Grübeln neigen. Um sich aus der besorgten, grübelnden Stimmung zu befreien, ist es notwendig, den negativen Affekt zu hemmen, das heißt, sich selbst zu beruhigen. Diese Fähigkeit nennt sich in der PSI-Theorie die Selbstberuhigung.

Ritas Aufgabe ist es, zu lernen, ihren negativen Affekt zu dämpfen und sich dadurch selbst zu beruhigen. Dadurch gelingt es ihr auch in stressigen Zeiten, den Überblick zu behalten und ihre eigenen Bedürfnisse wahrzunehmen, statt immer nur nach Fehlern und Ungereimtheiten zu suchen und an Einzelheiten kleben zu bleiben.

Lernaufgabe Rita

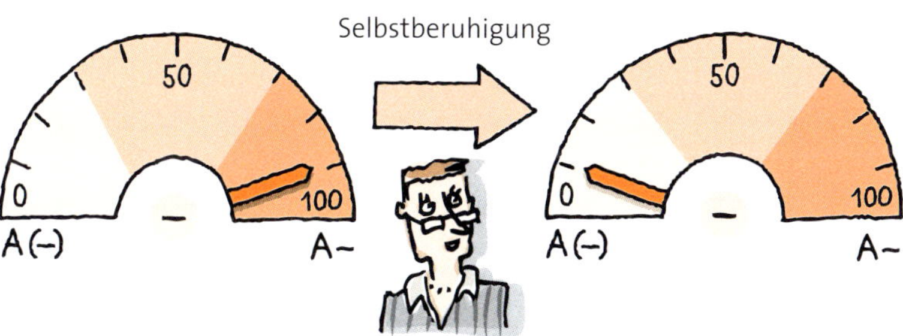

Die intuitive Verhaltenssteuerung: A+

Mona Keck ist 43 Jahre alt und die Außendienstmitarbeiterin der «Grob Solutions GmbH». Ihr Lebensmotto lautet: Vernünftig sein macht keinen Spaß! Sie ist eine aufgeweckte und begeisternde Frau, die gerne auf vielen Hochzeiten tanzt. Langeweile ist ihr fremd.

Sie weiß genau, was ihre Kunden erwarten, und versucht deshalb auch, alle Sonderwünsche bezüglich der Kassensystemprogrammierung umzusetzen. Mit ihrer Fröhlichkeit und Spontaneität sorgt sie für gute Stimmung und ist immer für eine Überraschung gut.

Sowohl beruflich wie auch privat hat sie selten Zeit, denn sie muss immer noch ein Haus weiter, hat immer noch einen nächsten Termin und kommt kaum zur Ruhe. Ihre bisherigen Beziehungspartner konnten dieses Tempo nie lange mithalten, deshalb ist Mona zurzeit auch wieder Single.

«Das bedauere ich zwar ein wenig, aber genau genommen habe ich gar keine Zeit für eine feste Partnerschaft mit all meinen Verpflichtungen. Neben meinem Zehnstundentag habe ich ja auch noch ein paar Hobbys. Ich fahre Inlineskates, fliege Gleitschirm und bin im Vorstand des Gleitschirmklubs, spiele Saxofon in einer Band, tanze Salsa, und seit Neuestem jogge ich auch noch.»

Als ihr ein Kollege vor zwei Monaten erzählt hat, dass er am New York Marathon teilnehmen wird, beschloss Mona spontan, auch mitzumachen. Und da sie seit einigen Monaten ohnehin meist schon um fünf Uhr morgens wach im Bett liegt und nicht mehr einschlafen kann, steht sie dann eben auf und geht vor der Arbeit noch joggen. Dank ihrer Sportlichkeit läuft sie die halbe Strecke schon in einer passablen Zeit. Das ändert jedoch nichts daran, dass ihre Freunde daran zweifeln, ob Mona ihre Marathonidee auch bis zum Ende durchziehen wird. Zu häufig hat sich Mona schon spontan für etwas begeistern lassen und spätestens nach einem halben Jahr das Interesse daran verloren. Der halbfertige Strickpulli in der Ecke, die Jahreskarte fürs Fitnessstudio, die seit zwei Monaten an der Pinnwand hängt,

und die Unterlagen für den Spanischunterricht, den sie nur dreimal besucht hat, zeugen davon.

«Ich kann ja nicht schon im Voraus wissen, ob mir eine neue Aktivität dauerhaft Spaß machen wird. Und wenn ich nach einiger Zeit feststelle, dass das nicht mein Ding ist, dann lass ich es eben wieder sein. Es gibt noch so viel Spannendes zu entdecken auf der Welt!»

Aufgrund ihrer aufgeschlossenen und freundlichen Art und Weise ist es für Mona ein Leichtes, Kontakte zu knüpfen und Gespräche zu führen. Egal wo sie auftaucht, gibt es jemanden, der sie mit einem fröhlichen «Hallo, Mona, schön, dich zu sehen» begrüßt.

Mona ist sehr spontan und handlungsfreudig. Ihr bevorzugtes System ist die intuitive Verhaltenssteuerung. Dieses System geht mit aktiviertem positivem Affekt einher. Hier sind alle Abläufe gespeichert, die wir im Laufe unseres Lebens gelernt und die wir durch häufige Benutzung automatisiert haben. Wenn Sie sich zurückerinnern, wie anstrengend Ihre ersten Autofahrstunden waren... Wie Sie vielleicht daran gezweifelt haben, ob Sie die Führerscheinprüfung jemals bestehen werden... Wenn Sie sich nun vor Augen führen, wie entspannt Sie heute kuppeln, schalten, Gas geben und bremsen, dann haben Sie ein gutes Beispiel für gelungene Automatisierung. Mit diesen automatisierten Abläufen schafft die intuitive Verhaltenssteuerung Platz für andere Dinge in Ihrem Gehirn, über die Sie noch nachdenken müssen.

Die intuitive Verhaltenssteuerung unterstützt Sie aber auch, wenn Sie vom Planen ins Handeln kommen wollen. Durch positiven Affekt können Sie sehr gut Handlungsenergie aktivieren. Wenn Ihnen das nicht gelingt, besteht die Gefahr, dass es bei der bloßen Absicht der Ausführung Ihrer Pläne bleibt. Oder Sie kommen womöglich nur unter Druck vom Wollen ins Handeln, was den Nachteil hat, dass es den Stress und den negativen Affekt erhöht und damit Kreativität und umsichtiges Entscheiden schwächt.

In der sozialen Interaktion spielt die intuitive Verhaltenssteuerung ebenfalls eine wichtige Rolle. Kein Smalltalk, kein lockeres Gespräch, kein Lächeln und kein Blickkontakt wirken echt, wenn sie nicht intuitiv und zum richtigen Zeitpunkt ausgeführt werden.

Menschen wie Mona neigen dazu, schnell zu handeln und wenig über mögliche Folgen nachzudenken. Ihre Lernaufgabe gemäß der PSI-Theorie ist es, ihren positiven Affekt so lange zu hemmen, bis alle Überlegungen und Planungen abgeschlossen sind. Dadurch gelingt es ihnen auch besser, ihre Ziele, Ideale und Absichten zu erkennen und ausdauernd zu verfolgen.

Mona muss lernen, ihren positiven Affekt im Sinne einer Selbstbremsung zu dämpfen, um vorausschauend planen zu können und mit einer Handlung so lange zu warten, bis der richtige Zeitpunkt gekommen ist. Mit gedämpftem positivem Affekt kann sie, weil der vorschnelles Handeln verhindert, alle nötigen Details im Voraus bedenken.

Lernaufgabe Mona

Der Verstand: A(+)

Manuel Weishaupt ist 31 Jahre alt. Er ist ein äußerst strukturierter Typ, bei ihm läuft nichts ohne Pläne und To-do-Listen. Manuel ist einer der acht Programmierer in der «Grob Solutions GmbH».

«Ich weiß, dass viele denken, Programmierer würden wie im Kino dauernd wie wild auf ihre Tastatur einhämmern, und die Zahlenkolonnen rauschen nur so über den Bildschirm. Aber so ist es ganz und gar nicht. Schon ein kleiner Programmierfehler am Anfang kann am Ende zu einer Katastrophe führen. Deshalb muss die ganze Arbeit vorher akribisch geplant werden, um genau diese Flüchtigkeitsfehler zu vermeiden.»

Manchmal übertreibt er es allerdings ein bisschen mit dem Planen.

«Ich muss zugeben, ich habe schon so meine Mühe, vom Planen ins Handeln zu kommen. Aber nicht immer! Zum Beispiel, wenns ums Modellauto-Sammeln geht, setze ich schnell um, was ich mir vorgenommen habe. Aber manch anderes bleibt auch lange liegen. Da könnte ich wirklich etwas mehr Antrieb gebrauchen.»

So kommt es, dass er für komplexe Programmierarbeiten über Wochen an der perfekten Lösung herumdenkt und plant, aber bis auf den letzten Drücker nicht in die Umsetzung kommt und dann, wenn der Zeitdruck steigt, Nächte durcharbeiten muss, um die Termine einhalten zu können.

Zu Hause kann man die Spuren seiner «Aufschieberitis» deutlich sehen: Die Wohnung hätte längst eine Aufräumaktion nötig, und das Altpapier stapelt sich. Nicht dass er die Papiersammlungstermine verpassen würde, daran denken tut er schon. Aber er ist seit Monaten zu träge, die Zeitungen zur Straße runterzutragen. Im Kühlschrank herrscht gähnende Leere, weil er entweder zu spät aus der Firma kommt oder sich nicht mehr zum Einkaufen aufraffen kann. Deshalb ist Manuel Stammkunde beim Pizzalieferdienst gleich ums Eck. Frische Wäsche hat er nur, wenn er in der Not mit einem Bündel Schmutzwäsche zu seiner Mutter fährt, damit diese ihm die Wäsche

MONACO
26e GRAND PRIX AUTOMOBILE
Pizza
WE ARE ANONYMOUS
World
NEW WEB

macht. Seine Mutter schüttelt nur noch den Kopf und meint, Manuel sei schon als kleiner Junge für wenige Dinge zu begeistern gewesen und habe lieber abgewartet, als eine Entscheidung zu treffen. Allein schon das Aussuchen eines Spielzeugs im Spielwarengeschäft hätte bei ihm Stunden gedauert.

Seine Freizeit verbringt Manuel am liebsten zu Hause und liest Fachzeitschriften, schaut Formel 1 im Fernsehen, oder er ist in Online-Modellauto-Sammlerbörsen auf der Suche nach exklusiven Modellen für seine Sammlung. Am Freitagabend trifft er sich zum Pokerspielen mit Freunden. Das hat eine lange Tradition. In dieser Runde lernte er vor vier Jahren auch seine Freundin kennen, die sich bisher jedoch vehement weigert, mit ihm zusammenzuziehen. Er solle zuerst lernen, einen Haushalt zu führen. Sie weiß aber durchaus seine überlegte Art zu schätzen, denn sie habe genug Erfahrungen mit spontanen Draufgängern gemacht. Da sei ihr der strukturierte und berechenbare Manuel doch lieber. In seiner Gegenwart komme sie zur Ruhe.

Seit seinem achtzehnten Geburtstag möchte Manuel seinen Autoführerschein machen. Er trägt dieses Vorhaben also schon seit dreizehn Jahren als Pendenz mit sich herum.

«Leider habe ich es trotz Neujahrsvorsatz bisher nicht geschafft, mich bei einer Fahrschule anzumelden.»

Manuel geht sein Leben sehr planvoll und analytisch an. Sein bevorzugtes System ist der Verstand. Der Verstand braucht ein gewisses Maß an gedämpftem positivem Affekt. Er verhindert vorschnelles Handeln und unterstützt uns dadurch dabei, schwierige oder neue Aufgaben, für die uns noch keine Automatismen, sogenannte Handlungsroutinen, zur Verfügung stehen, mit rationaler Planung zu meistern. Dieser Prozess erfordert allerdings seine Zeit. Deshalb brauchen Menschen, die bevorzugt mit dem Verstand arbeiten, genügend Zeit für die Planung ihrer Aufgaben. Überraschungen und Schnellschüsse mögen sie überhaupt nicht.

Der Verstand hat Zugriff auf unser Absichtsgedächtnis, das zuständig ist für die Aufrechterhaltung von bewussten Absichten. Wann immer wir eine Absicht oder ein Vorhaben nicht sofort in Handlung umsetzen können oder wollen, müssen wir unseren positiven Affekt hemmen, um nicht sofort zu handeln, sondern zu planen und auf den richtigen Moment zu warten.

Menschen wie Manuel können sehr gut planen und abwarten. Sie verlieren Absichten nie aus den Augen und eignen sich besonders für die Beschäftigung mit komplexen Aufgaben. Problematisch wird es für diese Menschen, wenn sie, selbst nach langem Planen, nicht oder nur schwer ins Handeln kommen können. Nach der PSI-Theorie hilft es solchen Menschen, zu lernen, selbstständig positiven Affekt zu generieren und sich selbst zu motivieren, um das Geplante auch in die Tat umzusetzen.

Manuels Lernaufgabe ist, seinen positiven Affekt selbstständig zu aktivieren, um vom Planen ins Handeln zu kommen. Nur durch Selbstmotivierung kann er seine Vorhaben zügig umsetzen, wenn die Planungsphase abgeschlossen ist.

Lernaufgabe Manuel

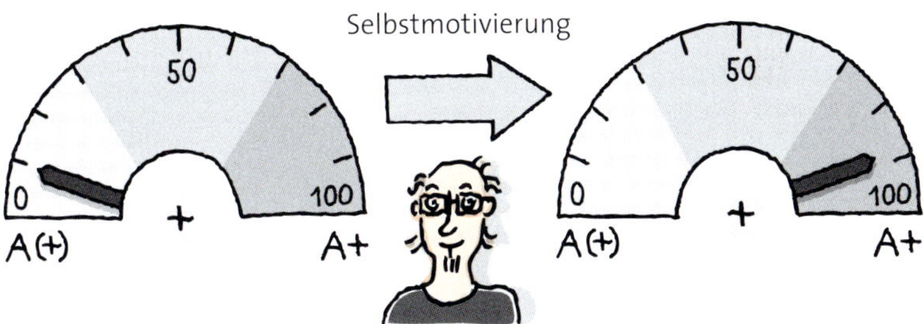

Geschichten aus der «Grob Solutions GmbH» – Erstreaktion

Nachdem wir Sie nun mit den Charakteren der «Grob Solutions GmbH» bekannt gemacht haben, möchten wir Ihnen einen kleinen Einblick geben, wie diese verschiedenen Typen denken und fühlen. Dazu begeben wir uns in die «Grob Solutions GmbH» und beobachten einige Szenen.

Pausenzeit

Es ist Montagmorgen um halb zehn, Pausenzeit in der «Grob Solutions GmbH». Rita möchte gerade ihr Büro verlassen, da kommt ihr Thomas entgegen.

«Du, Rita, meine Frau und ich haben heute unseren Hochzeitstag. Ich brauche dringend Blumen, könntest du mir heute noch welche besorgen?»

Na prima, er schafft es noch immer nicht, die Blumen für seine Frau selbst zu besorgen. Immerhin hat er dieses Jahr überhaupt an seinen Hochzeitstag gedacht. Letztes Jahr hat er ihn komplett vergessen. Da hat ihn seine Frau rausgeschmissen, und er musste im Büro übernachten. Recht hatte sie!

«Ja, Thomas, das kann ich machen, aber jetzt hole ich mir erst einmal einen Kaffee.»

09:30
Thom

Mona und Manuel sind schon da. Mona hat heute ihren ersten Arbeitstag, nach drei Wochen Ferien.

«Hallo, Mona, schön, dass du wieder hier bist. Wie war dein Urlaub?», fragt Rita.

Mona winkt ab und erzählt von ihren Migräneanfällen und ihrem Arztbesuch: «Frag lieber nicht. Ich war zwar in Slowenien, genau gesagt im Socatal, in einem super tollen Hotel zum Gleitschirmfliegen. Aber mit Gleitschirmfliegen war leider nichts. Ich hatte so fürchterliche Migräne, dass ich die meiste Zeit im abgedunkelten Hotelzimmer im Bett liegend verbracht habe.»

«Aber Mona, du hattest doch schon in deinen letzten Ferien Migräne. Du musst dringend zum Arzt gehen, mit der Gesundheit ist nicht zu spaßen.»

«Keine Sorge, Rita, ich war schon bei meinem Hausarzt und habe ihm von der Migräne erzählt. Er hat meinen Blutdruck gemessen, 156 auf 104. Ein bisschen hoch, meint er. Das kann am Stress liegen, und ich soll mal zwischendurch ein paar Pausen einlegen. Jetzt muss ich meinen Blutdruck dreimal täglich messen und notieren, dann sehen wir weiter.»

Davon, dass ich morgens um fünf aufwache und nicht wieder einschlafen kann und der Arzt meint, ich soll generell mal einen Gang zurückschalten, erzähl ich ihr lieber nicht. Das verkraftet die gute Rita nicht und kommt mir gleich wieder mit ihren gut gemeinten Ratschlägen. Thomas ist da viel entspannter, den interessiert das nicht. Solange ich zur Arbeit komme, ist für ihn alles o.k. So, jetzt mal schnell das Thema wechseln. Am besten, ich erzähl was von meinem Erlebnis beim Pfefferkorn. Der ist fast genauso kompliziert wie Rita!

Mona erzählt jetzt vom Besuch bei Herrn Pfefferkorn, einem langjährigen Kunden.

Da wechselt Mona doch tatsächlich ohne Umschweife heiter und sorglos zum nächsten Thema. Ich hoffe nur, sie nimmt das mit ihrem Blutdruck ernst genug!

Während Mona nun zur Höchstform aufläuft, Herrn Pfefferkorn parodiert und damit viel Gelächter erntet, denkt Rita:

Oh Gott, immer diese taktlosen Sprüche über Abwesende. Der arme Herr Pfefferkorn. Sogar der sonst so ruhige Manuel lacht mit. Das muss ich mir nicht anhören, dann trinke ich den Kaffee lieber in meinem Büro.

Teamsitzung

Die Mitarbeitenden der «Grob Solutions GmbH» sitzen versammelt um den Sitzungstisch.

Oh Gott, ich hasse diese Teamsitzungen! Und jetzt meldet sich auch noch Mona zu Wort, das kann länger dauern. Schon fast neun Uhr, und wir sind immer noch beim ersten Traktandum. Thomas ist wieder mal die Ruhe selbst und merkt gar nicht, wie schnell die Zeit vergeht. Ich habe noch so viel zu tun. Mit ein bisschen mehr Struktur in der Sitzung wären wir schon lange fertig.
Ich lass die mal quatschen und gehe in der Zeit lieber meine Aufgaben für heute durch. Überstunden werden sich wohl nicht vermeiden lassen, ich habe wieder so viel Dringendes auf der Liste.

«Manuel, das könntest du übernehmen, wenn wir den Auftrag kriegen.» Thomas' Worte reißen Manuel aus seinen Gedanken.

Ich habe gerade keine Ahnung, um was es geht. Hoffentlich sagt er noch ein paar Sätze, damit ich den Anschluss finde.

Da ergänzt schon Mona: «Die BIUCA AG hat keine Sonderwünsche und keine außergewöhnlichen Schnittstellen, die es zu berücksichtigen gilt. Rita hat die Offerte gestern Abend schon geschrieben. Es ist also kein großer Aufwand für einen Programmierer, diesen Auftrag zu betreuen.»

Aha, daher weht der Wind. Mona hat einen neuen Auftrag an Land gezogen, und ich soll die Programmierarbeiten vornehmen.

«O.k., ich hoffe, du hast recht, Mona. Und falls es doch noch zu Sonderwünschen kommen sollte, halte bitte rechtzeitig Rücksprache mit mir, bevor du denen etwas versprichst, gell?!»

Das ist immer so eine Sache mit Mona. Sie ist so überzeugend und begeisternd, da sagen die Kunden zu, bevor sie genau wissen, was die Software alles kann oder eben nicht kann. Und hinterher gibt es da und dort noch Anpassungen und zusätzliche Schnittstellen, die es bei der Programmierung zu berücksichtigen gilt. Das kümmert Mona dann wenig, dafür gibts ja uns. Wir Programmierer finden dann schon eine Lösung, hofft sie.

Drei Tage später am Telefon

Mona steht an der Tankstelle, und während sie Benzin einlaufen lässt, wählt sie Thomas' Nummer.

«Hallo, Thomas, erinnerst du dich an den BIUCA-Auftrag? Die haben ja unsere Offerte akzeptiert, und Manuel sitzt hoffentlich schon dran.»

Mona klemmt ihr Handy ans Ohr, schließt den Tankdeckel und sucht in ihrer Handtasche nach dem Geldbeutel.

«Jetzt hat sich aber herausgestellt, dass deren Buchhaltungsprogramm mit unserer Schnittstelle nicht hundert Prozent kompatibel ist. Hier müsste Manuel eine kleine Modifikation vornehmen. Ich denke, das ist keine große Sache. Habe denen deshalb versprochen, dass wir die notwendigen Modifikationen pauschal verrechnen werden, und ich habe dabei an 500 Euro gedacht. Ist das in Ordnung für dich?»

«Super, Thomas, das find ich auch, 500 Euro sind adäquat. Dann werde ich gleich morgen Rita Bescheid geben, sie soll die Offerte nochmals neu schreiben mit den zusätzlichen 500 Euro.»

Während Mona vor der Kasse in der Schlange steht, wühlt sie in den Zeitschriften rum.

Ach, die Gala, auf die hab ich jetzt richtig Lust,
Klatsch und Tratsch ist immer gut.

«Also, Thomas, stehe gerade an der Kasse, muss auflegen. Schönen Tag noch. Tschüüss!»

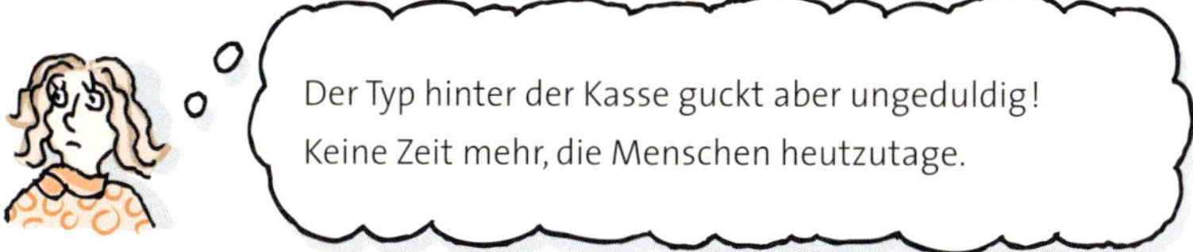

«Sorry, die Gala nehm ich auch und noch zwei Red Bull, bitte.»

Tags darauf im Büro

So, mein Bürokram ist erledigt, bis auf die Änderung der Offerte für die BIUCA. Bevor ich zum nächsten Kunden fahre, geh ich noch schnell bei Rita vorbei.

«Rita, kannst du mir bitte die Offerte für die BIUCA AG anpassen? Es gibt nun doch eine kleine Modifikation am Programm, die wir, nach Rücksprache mit Thomas, pauschal und nicht nach Aufwand verrechnen. Du kannst also noch eine Programmierungspauschale für Anpassungen von 500 Euro dazuschreiben. Bin dann mal weg, muss noch auf Kundenbesuch. Tschüüss!»

Rita verdreht die Augen: «Ich bin für die Erstellung dieser Offerte extra länger im Büro geblieben, weil sie angeblich so dringend war. Und jetzt hat man noch fröhlich Zeit für Anpassungen.»

Und schon fängt Rita an, zu jammern, zum Glück war ich schnell aus der Tür. Die macht aus jeder Mücke einen Elefanten. Aber sie ist ja eigentlich eine ganz Liebe, ich sag ihr noch was Nettes.

«Das ist doch kein Problem für dich, das hast du doch schnell geändert, meine Liebe.»

Zwei Tage später – die Zusage

Yeahh, die BIUCA AG ist zufrieden mit der neuen Offerte und hat den Auftrag zugesagt. Super! Solche Tage sind nach meinem Geschmack, alles läuft wie geschmiert. Jetzt muss ich nur noch rasch bei Manuel vorbei und ihm erklären, welche Software-Anpassungen er vorzunehmen hat. Und dann habe ich mir zwei freie Tage zum ‹Gleitschirmen› verdient.

Mona platzt bei Manuel ins Büro:

«Hallo, Manuel, ich habe eine gute Nachricht! Wir haben den Auftrag der BIUCA AG erhalten. Nun gibt es einige kleine Software-Anpassungen, die du für sie vornehmen sollst. Hast du kurz Zeit?»

Die kommt hier wieder reingeplatzt wie ein Wirbelwind. Unmöglich!

Manuel möchte gerade antworten, da sprudelt Mona gleich los mit den erforderlichen Anpassungen. Manuel unterbricht sie:

«Was hast du denn denen wieder Tolles versprochen? An der letzten Teamsitzung hast du noch berichtet, es werde keine Sonderwünsche geben!»

Kann der eigentlich auch mal begeistert sein von irgendwas? An der letzten Sitzung gabs auch noch keine Probleme, und hellsehen kann ich noch nicht. Und überhaupt sind das auch keine Probleme, das sind kleine Anpassungen, und genau das ist dein Job. Wenn ich programmieren könnte, dann würde ich es selbst machen, und glaub mir, dann wär ich damit schon fertig, eh du überhaupt angefangen hast! Aber was solls, ich werds dir ganz langsam erklären, zum Mitschreiben, und dann nix wie raus hier.

Nachdem Mona aus dem Zimmer gegangen ist, denkt sich Manuel:

Ich bin immer noch paralysiert, was war das denn wieder? War das Mona oder ein Tsunami? Jetzt erst mal nen Kaffee holen.

Rita ist auch gerade an der Kaffeemaschine: «Alles in Ordnung, Manuel?»

«Nichts ist mehr in Ordnung, seit Mona durch mein Zimmer gefegt ist. Beim BIUCA-Auftrag sind nun doch einige ‹kleine› Software-Anpassungen notwendig. Du machst dir keinen Begriff davon, was es für mich bedeutet, wenn Mona einem Neukunden ‹kleine› Programm-Anpassungen verspricht. Jedes Mal graut mir davor, denn sie verspricht denen das Blaue vom Himmel. Die stellt sich das alles immer so einfach vor. Wenn sie nur den Kunden zufriedenstellen kann, alles andere ist unwichtig. Weshalb kann sie nicht vorab mit mir klären, ob die gewünschten Änderungen überhaupt umsetzbar sind, bevor sie dem Kunden eine Zusage macht?! Das muss ich doch alles in Ruhe durchdenken und planen können, damit das dann auch zuverlässig läuft. Und eh ich auch nur ein Wort sagen konnte, war sie wieder verschwunden.»

«Melde das unbedingt Thomas zurück. Ich glaube, der ahnt nämlich nicht im Geringsten, wie viel Aufwand das für dich bedeutet. Häufig werden solche Anpassungen pauschal und damit natürlich viel zu günstig verrechnet.»

«Das wäre ja noch schöner! Dann muss ich sofort bei Thomas vorbeigehen.»

Das wäre typisch für Thomas, den ganzen Aufwand pauschal zu verrechnen. Das ist zwar nicht mein Problem, wie viel er an dem Auftrag verdient, aber außer Rita und mir scheint sich über die Arbeit, die in so einer Umprogrammierung steckt, keiner Gedanken zu machen.

Manuel geht mit dem Kaffee in der Hand auf Thomas' Büro zu: «Hast du einen Moment Zeit? Es geht um den Auftrag für die BIUCA AG.»

Thomas winkt Manuel rein: «Klar habe ich Zeit.»

«Du erinnerst dich bestimmt an die letzte Sitzung, als Mona mir versichert hat, dass bei der BIUCA AG kein spezieller Programmieraufwand entstehe, weil keine Sonderwünsche und keine inkompatiblen Schnittstellen vorhanden seien? Inzwischen sieht das wieder mal anders aus. Die gewünschten Modifikationen sind so immens, dass ich allein dafür locker zwei Tage beschäftigt bin. Ich weiß gar nicht, wie ich das termingerecht fertigstellen soll. Von den Mehrkosten, die da drinstecken, ganz zu schweigen.»

Thomas lehnt sich in seiner gewohnt gelassenen Art und Weise zurück und sagt: «Die Programm-Anpassungen waren leider nicht absehbar für Mona, außerdem können wir sie ja verrechnen. Es ist für die Firma enorm wichtig, neue Kunden und damit Aufträge zu generieren, und da müssen wir uns einem neuen Kunden gegenüber halt flexibel zeigen. Ich bin zuversichtlich, dass du das hinkriegst, Manuel.»

Na dann, was soll ich darauf noch sagen. Du bist der Chef. Da noch weiterzureden, ist verschwendete Zeit, dann setz ich mich lieber wieder an meinen Computer und fange an.

So, Manuel hat sich wieder beruhigt und sitzt hoffentlich an seinem PC und programmiert für die BIUCA. Dass er keine schnellen Änderungen mag, ist ja nichts Neues. Manchmal frage ich mich ernsthaft, ob er im Staatsdienst nicht besser aufgehoben wäre. Da mahlen die Mühlen langsamer als in der freien Wirtschaft. Aber er ist mein zuverlässigster Mann, wenn einer das schafft, dann er.

Es klopft schon wieder an Thomas' Tür, und Rita tritt ein: «Du, Thomas, unser Konto ist überzogen, da sind immer noch nicht alle Zahlungen der Wartungsverträge eingegangen. Kannst du dich darum kümmern?»

«Mach dir keinen Kopf, Rita. Mona hat eben die Zusage für den Auftrag der BIUCA AG erhalten. Wir haben fünfzig Prozent der Zahlung für sofort vereinbart und die restlichen fünfzig Prozent nach Abschluss. Somit sollte das Konto spätestens nächste Woche wieder ausgeglichen sein.»

Thomas wendet sich ab und nimmt den Telefonhörer in die Hand.

Die säumigen Zahler erinnern kann ich ja trotzdem, da hat Rita recht. Werde sie gleich mal anrufen, meine Pappenheimer. Aber weshalb steht Rita immer noch in der Tür?

«Was gibts denn noch, Rita?»

«Genau dieser BIUCA-Auftrag liegt mir eben auch auf dem Magen. All diese Software-Anpassungen, die Mona denen versprochen hat, müssten doch vollumfänglich verrechnet werden können. Ich habe mit Manuel darüber gesprochen. Er hat mir bestätigt, dass seine Arbeiten viel aufwendiger sind, als Mona meint.»

Jetzt kommt Rita auch noch damit an, das ist ja eine richtige Seuche, dieses ewige Sich-Sorgen-Machen. Und Rita wittert eh überall Gefahr. Vielleicht sollte ich sie erst mal etwas beruhigen.

Thomas legt den Hörer wieder auf: «Keine Sorge, Rita, für diese Anpassungen haben wir ja eine Pauschale vereinbart, und Manuel berechnet seinen Zeitaufwand im Vorfeld immer sehr großzügig. Ich denke, er schafft das in einem Tag, und dann sind auch die 500 Euro angemessen.»

Also, ich weiß nicht, glaubt der tatsächlich, dass sich diese Pauschalvereinbarungen rechnen? Für ihn ist die Sache damit erledigt, und ich zerbreche mir den Kopf darüber. Wie lange geht das wohl noch gut? Thomas lassen meine Einwände völlig kalt. Diese Unbekümmertheit ist gefährlich. Nicht einmal der Kontostand interessiert ihn. Was muss nur passieren, bis der endlich mal aufwacht? Der hat die Ruhe weg, im Gegensatz zu mir. Ich kann heute Nacht sicher wieder nicht einschlafen.

Einige Monate später

An einem kalten Winterabend, draußen ist es bereits dunkel, sitzt Thomas in einem Lounge-Sessel in seinem Wintergarten. Im warmen Licht der Stehlampe raucht er eine Zigarre und hört U2, seine Lieblingsband. Seine Frau, Irene, die sonst fast jeden Abend ins Yoga geht, ist an diesem Abend zu Hause geblieben. Sie kommt in den Wintergarten, dreht die Musik leiser, wickelt sich in eine Wolldecke ein, setzt sich ihm gegenüber und sagt: «Wir müssen ganz dringend miteinander reden.»

Irene kämpft mit den Tränen: «Ich bin unzufrieden mit unserer Ehe, deshalb bin ich in den letzten Wochen abends so häufig ausgegangen. Zu Hause habe ich es fast nicht mehr ausgehalten.»

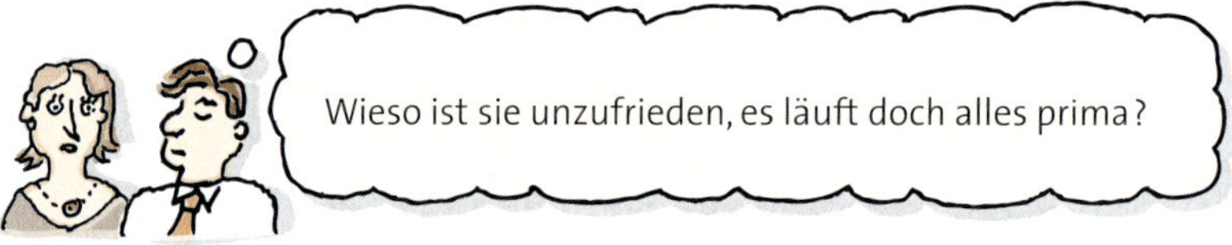

Irene erzählt von den gemeinsamen Abendessen, die sie in den letzten Wochen mit dem Yoga-Lehrer verbracht hatte: «Ich war gar nicht jeden Abend beim Yoga. Aber ich bin mit meinem Yoga-Lehrer ausgegangen. Mit ihm kann ich über vieles reden, und vor allem zeigt er mir gegenüber Interesse und Aufmerksamkeit. Du nimmst mich ja kaum mehr wahr. Er gibt mir das Gefühl, begehrenswert zu sein.»

Nun wird Thomas langsam etwas unruhig: «Was hast du sonst noch gemacht mit diesem Yoga-Lehrer?»

Irene erzählt weiter: «Wir waren nur gemeinsam essen und haben danach lange Spaziergänge an der Seepromenade gemacht. Aber es hat schon geknistert zwischen uns, und gestern Abend haben wir uns geküsst. Als ich danach auf der Heimfahrt alleine im Auto saß, hatte ich plötzlich die Erkenntnis, dass ich gerade dabei bin, einen großen Fehler in meinem Leben zu machen. Ich war so geschockt, dass ich anhalten musste, um mich zu beruhigen. Eigentlich liebe ich ja dich, und da sind ja auch noch die Kinder, das Haus und die Firma. Aber es ist so schwierig für mich mit einem Mann an der Seite, der nur übers Geschäft und nie über seine Gefühle redet.

Außerdem nimmst du kaum Notiz von mir und hast keine Ahnung, was mich in meinem Leben bewegt. Nicht mal meine Sorgen über unsere Kinder nimmst du ernst. Und seit Jahren haben wir kein gemeinsames Wochenende, geschweige denn gemeinsame Ferien, verbracht.»

Thomas starrt ins Leere, Irene weint. Er weiß gar nicht, auf wen er wütender sein soll, auf den Yoga-Lehrer, auf Irene oder auf sich selbst.

«Wie soll es denn nun weitergehen?»

Irene zuckt mit den Schultern: «Ich werde vorerst mal nicht mehr ins Yoga gehen. Ich brauche Zeit, um meine Gedanken zu ordnen.»

Thomas erinnert sich an die gemeinsame Sesselliftfahrt damals im Skiurlaub in Arosa, als er Irene das erste Mal sah, und an den Silvesterabend, den sie daraufhin gemeinsam verbracht hatten. Er schaut Irene an, wie sie eingehüllt in die Decke und mit geröteten Augen dasitzt und zittert. Er möchte sie gern in den Arm nehmen, aber er traut sich nicht. Stattdessen fragt er: «Ist unsere Ehe denn überhaupt noch zu retten? Und wenn ja, was kann ich denn dazu beitragen?»

«Tut mir leid Thomas, ich kann dir da nichts versprechen, aber ich hoffe, dass unsere Ehe noch zu retten ist. Versuch doch einfach, mehr an meinem Leben teilzunehmen. Und dann sollten wir wieder gemeinsame Erlebnisse haben. Mit der Zeit wird sich dann zeigen, was in unserer Beziehung noch möglich ist.»

Am nächsten Tag im Büro

Thomas sitzt an seinem Schreibtisch und starrt Löcher in die Luft. Er fühlt sich elend und ist zum ersten Mal in seinem Leben komplett ratlos. Rita kommt ganz vorsichtig in Thomas' Büro, schließt die Türe hinter sich und fragt: «Alles in Ordnung bei dir, Thomas?»

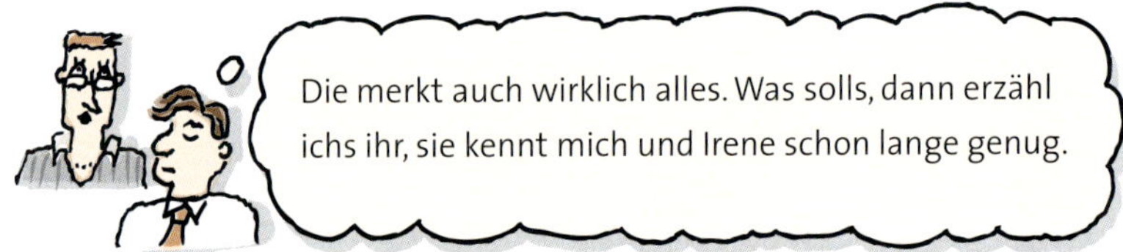

«Ich hatte gestern eine sehr ungemütliche Unterhaltung mit Irene. Sie stellt unsere Ehe infrage. Ich würde mich zu wenig für sie interessieren, deshalb hat sie sich auch bereits einen anderen angelacht, mit dem sie in letzter Zeit häufig ihre Abende verbracht hat. Weißt du, Rita, so was hätte ich nie für möglich gehalten. Bin ich denn wirklich so ein gefühlloser Pflock, oder übertreibt Irene da nicht ein bisschen? Geht das wieder vorbei, ist das nur eine kleine Krise?»

Rita übergeht Thomas' Frage: «Der Yoga-Lehrer, nicht wahr?»

«Was?! Woher weißt du das? Wissen das denn alle außer mir?!»

«Ich weiß überhaupt nichts. Mir ist nur aufgefallen, dass du ständig erzählst, Irene sei abends im Yoga. Da habe ich mich halt gefragt, was sie jeden Abend im Yoga macht, denn Yogakurse finden nur dreimal die Woche statt.»

«Ich Idiot, kann nicht mal eins und eins zusammenzählen! Dein Gespür möchte ich haben.»

Ein kurzes Lächeln huscht über Ritas Gesicht: «Schön, dass du mein Gespür auch mal als Vorteil wahrnimmst. Und nun, was wirst du tun?»

«Tja, das weiß ich eben auch nicht. Irene wünscht sich, dass ich mehr Interesse für sie und die Familie zeige, weniger vom Geschäft rede und dass wir wieder mal was zu zweit unternehmen sollen. Aber ich weiß gar nicht, wie ich das auf die Reihe kriegen soll. Wie kann ich überhaupt noch mehr Interesse an ihr zeigen? Ich verzichte doch schon auf die meisten meiner Hobbys und bin jedes Wochenende daheim. Was denn noch?»

Vielleicht sollte ich Rita auch noch vom gestrigen Anruf der Bank berichten.

«Es kommt noch dicker, Rita. Die Bank hat mir gedroht, den Dispokredit für das Firmenkonto zu kündigen.»

Rita wird ganz blass, ihr steht die Angst ins Gesicht geschrieben.

«Wahrscheinlich hattest du auch da recht. Ich hätte auf dich hören sollen, du hast mich ja mehrmals gewarnt. Jetzt werde ich wohl privat etwas in die Firma stecken müssen, um die Bank zu beruhigen. Aber so wie bisher kann ich auf keinen Fall weiterwirtschaften. Nicht daheim und nicht im Geschäft.»

Wow, das ist ja dicke Post! So habe ich Thomas noch nie erlebt. So etwas hat es also gebraucht, damit er aufwacht. Die Frau hat einen anderen, die Bank kündigt den Kredit, und schon wird Thomas nervös. Wer hätte das gedacht? Nein, schadenfroh bin ich nicht, das hat er wirklich nicht verdient. Aber ich hoffe, dass sich jetzt endlich mal was bewegt. Er muss lernen, sensibler zu werden, mehr Gespür für Unstimmigkeiten zu entwickeln, und vor allem muss er aus seinen Fehlern lernen. Eine Idee hätte ich ja schon. Mit einem guten Selbstmanagement, so wie es in dem Buch beschrieben ist, das ich mir kürzlich gekauft habe, könnte er das alles lernen. Ich werde Thomas das Buch geben, mit der Bitte, darüber nachzudenken, ob wir uns als Firma nicht ein Seminar buchen sollen, gerne auch anstatt eines Betriebsausflugs. Manuel und Mona können das auch gut gebrauchen, von mir ganz zu schweigen.

Am selben Abend zu Hause

Thomas beginnt an diesem Abend tatsächlich mit dem Buch «Wolf packt La(h)ma» (Storch u. Weber, 2012). Irene ist etwas verwundert, denn Thomas liest selten zu Hause. Sie will wissen, was er da für ein Buch liest.

«Weißt du, ich habe eine Firma, in der im Moment nicht alles rundläuft, und es sind dringend einige Veränderungen notwendig. Und noch viel wichtiger ist die Tatsache, dass ich eine Frau habe, die sich wünscht, dass ich mich verändere, und die ist mir so wichtig, dass ich nun auf der Suche nach Möglichkeiten bin, in dieser Hinsicht aktiv zu werden.»

Irene setzt sich interessiert neben ihn, während Thomas weitererzählt: «Rita hat mir das Buch zum Lesen gegeben. Es handelt von einer Selbstmanagement-Methode nach dem Zürcher Ressourcen Modell. Rita meint, es wäre ganz gut, wenn die ganze Belegschaft der ‹Grob Solutions GmbH› einen solchen Kurs durchführen würde, da könnten alle profitieren.»

«Hallo, da kommt ja was in Bewegung!», freut sich Irene. «Das findet deine Frau ganz wunderbar, dass du anfängst, dich mit solchen psychologischen Themen zu befassen. Und eine glückliche Frau ist immer ein Gewinn für den Mann, denn er bekommt dann viel mehr Liebe und Zuneigung, das wirst du feststellen!» Thomas kriegt als Vorgeschmack gleich mal einen ausgiebigen Kuss, und das motiviert ihn enorm.

Sie haben nun die vier Protagonisten der «Grob Solutions GmbH» und deren Erstreaktionen kennengelernt. Damit haben Sie einen Eindruck der Eigenarten der Personen aufgrund ihrer klar bevorzugten Funktionssysteme gewonnen. Wir haben die vier Charaktere bewusst mit nur je einem bevorzugten Funktionssystem ausgestattet, damit die Eigenheiten, die Vor- und Nachteile auch schön sichtbar werden.

Sie, liebe Leserinnen und Leser, verfügen im Gegensatz zu unseren vier Figuren nicht bloß über ein bevorzugtes Funktionssystem. Ihre Erstreaktion besteht aus einer Mischung von mindestens zwei Funktionssystemen. Eines ergibt sich aus dem positiven Affekt, das andere aus dem negativen Affekt, die beide entweder aktiviert oder gedämpft sind. Folgende Mischformen sind also möglich:

- 1. Aktivierter positiver Affekt (Mona) und aktivierter negativer Affekt (Rita)
  - spontan, begeisterungsfähig, schnell erfreut
  - ernst, ängstlich, besorgt
- 2. Aktivierter positiver Affekt (Mona) und gedämpfter negativer Affekt (Thomas)
  - spontan, begeisterungsfähig, schnell erfreut
  - locker, entspannt
- 3. Gedämpfter positiver Affekt (Manuel) und gedämpfter negativer Affekt (Thomas)
  - zurückhaltend, nüchtern, planvoll
  - locker, entspannt
- 4. Gedämpfter positiver Affekt (Manuel) und aktivierter negativer Affekt (Rita)
  - zurückhaltend, nüchtern, planvoll
  - ernst, ängstlich, besorgt

Vielleicht haben Sie bereits eine Ahnung, welcher Typ Sie in Bezug auf Ihre Erstreaktion sind, weil Sie sich in einer Person der «Grob Solutions GmbH» wiedererkannt haben.

Mischformen der Funktionssysteme

1. **Aktivierter positiver Affekt A+** und **Aktivierter negativer Affekt A–**
   - spontan, begeisterungsfähig, schnell erfreut
   - ernst, ängstlich, besorgt

2. **Aktivierter positiver Affekt A+** und **Gedämpfter negativer Affekt A(–)**
   - spontan, begeisterungsfähig, schnell erfreut
   - locker, entspannt

3. **Gedämpfter positiver Affekt A(+)** und **Gedämpfter negativer Affekt A(–)**
   - zurückhaltend, nüchtern, planvoll
   - locker, entspannt

4. **Gedämpfter positiver Affekt A(+)** und **Aktivierter negativer Affekt A–**
   - zurückhaltend, nüchtern, planvoll
   - ernst, ängstlich, besorgt

Selbststeuerung Ihrer affektiven Reaktion

Obwohl die Erstreaktion, die durch genetische Vorprägung und durch frühe Kindheitserfahrung entstand, sehr stabil und nicht einfach auf die Schnelle veränderbar ist, können Sie durch eine erlernte, gewünschte Zweitreaktion Ihren Umgang mit den verschiedenen Affekten neu gestalten. Die Fähigkeit, Affekte selbst gesteuert zu regulieren, lässt sich jederzeit und lebenslang erlernen. Hierbei geht es um die sogenannte Selbststeuerungskompetenz. Damit ist die Gabe gemeint, bereits eingetretene affektive Zustände (die Erstreaktion) ohne äußere Hilfe, also allein, zu verändern (die Zweitreaktion).

Nach der PSI-Theorie verfügen Sie erst dann über eine gute und gelungene Selbststeuerungskompetenz, wenn Sie je nach Situation und Umgebungsbedingungen in der Lage sind, das dafür geeignete Funktionssystem zu aktivieren. Sicherlich werden Sie auch dann noch weiterhin mit Ihren beiden bevorzugten Systemen durchs Leben gehen. Aber es wird Ihnen künftig möglich sein, auch die anderen Systeme bei Bedarf zu nutzen.

Wie wichtig alle vier Funktionssysteme sind und wie oft wir sie in unserem Alltag brauchen, wollen wir Ihnen am Vorhaben «den Führerschein machen» zeigen. Wer den Führerschein machen will, muss zuerst seinen positiven Affekt aktivieren, um ins Handeln zu kommen. Das bedeutet in diesem Fall, sich eine Fahrschule auszusuchen und sich dort anzumelden. Genau das fällt Mona leicht. Es ist ihre Stärke, positiven Affekt zu generieren und schnell ins Handeln zu kommen. Wer diese Hürde genommen hat, sollte dann seinen positiven Affekt wieder hemmen. Denn jetzt geht es darum, die Theorie auswendig zu lernen. Dazu muss man in nüchterner Stimmung bleiben, um sich nicht durch alle möglichen attraktiven Dinge ablenken zu lassen, sondern mit Ausdauer dranzubleiben. Darin ist Manuel bereits Großmeister. Wenn man dann zur Theorieprüfung geht, dort aber beim ersten Versuch durchfällt, ist es sinnvoll, den negativen Affekt zu aktivieren, um herauszufinden, woran es gelegen hat. Denn nur wer die Ursache für den Misserfolg kennt, kann auch daran arbeiten, diesen Fehler zu beheben. Das kann Rita in Perfektion, weil ihr leicht aktivierbarer negativer Affekt den Fehler-Zoom intensiviert. Wenn die Ursache für den Misserfolg gefunden ist, muss man seinen negativen Affekt wieder hemmen, um bei der zweiten Prüfung gelassen zu bleiben, aber auch damit der Fehler nicht nur erkannt, sondern ins Selbst integriert wird. Nur so kann man sich einigermaßen darauf verlassen, dass man bei der nächsten Gelegenheit wie von «selbst» daran denkt, dass man den Fehler nicht wieder macht. Und nur so kann man entspannt auf sein gesamtes Fahrschulwissen zurückgreifen. Dafür ist Thomas genau der richtige Mann.

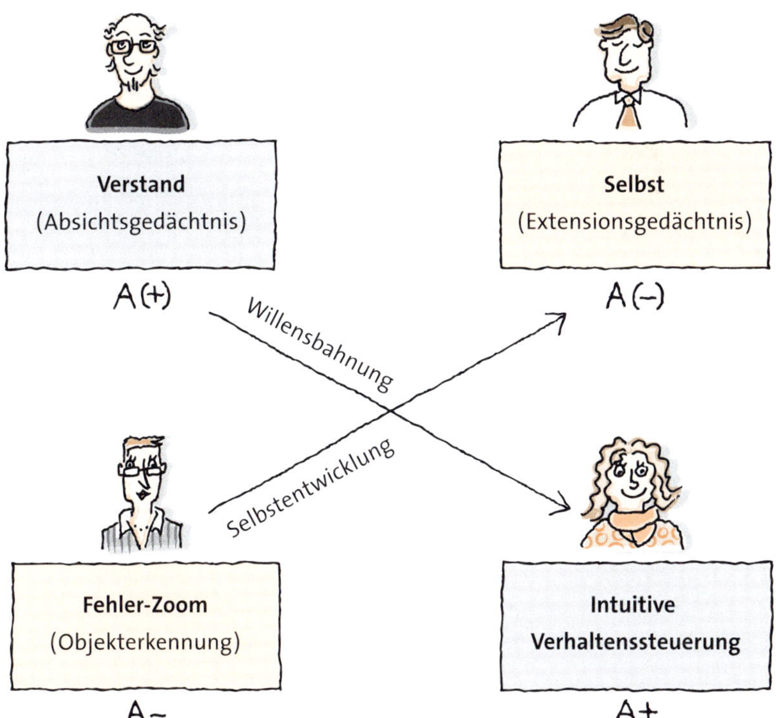

Sie können je nach Situation und eigenen Vorlieben überall in diesen Kreislauf einsteigen, aber Sie werden immer alle vier Funktionssysteme brauchen. Die Abbildung zeigt: Immer, wenn Sie von einem System zu einem anderen wechseln wollen, hilft es, wenn Sie den Affekt wechseln. Wer einen Plan oder eine Absicht ausführen will, muss den Verstand (mitsamt dem Gedächtnis für Absichten) mit der intuitiven Verhaltenssteuerung verknüpfen, was dadurch erleichtert wird, dass er vom gedämpften zum positiven Affekt wechselt. Die Abbildung veranschaulicht noch ein anderes Beispiel: Wer aus Fehlern lernen will oder an leidvollen Erfahrungen wachsen will, profitiert davon, wenn er zuerst sensibel ist für den negativen Affekt (was das bewusste Beachten des Fehlers bzw. der Erfahrung erleichtert), dann aber den negativen Affekt herunterregulieren kann, damit er die Erfahrung in sein großes Erfahrungsnetzwerk (das heißt: ins Selbst) integrieren kann.

Vielleicht haben Sie sich schon beim Lesen der Geschichte gedacht: «Ja, früher war ich so, ängstlich und besorgt. Aber heute bin ich da ganz anders, bin entspannt und gelassen.» Oder Sie schwanken noch hin und her zwischen zwei Typen. Vielleicht wissen Sie, dass Sie während Ihrer Arbeit nüchtern und planvoll sind, in Ihrer Freizeit hingegen die Dinge spontan und freudig anpacken. Manche sind als Eltern anders als in ihrem Freundeskreis. Andere können bei bestimmten Themen sehr empfindlich sein, marschieren aber ansonsten robust und gelassen durchs Leben. Und einige haben aufgrund verschiedener Vorfälle in ihrem Leben gelernt, dass es sinnvoll sein kann, manchmal den Fuß vom Gas zu nehmen. Allen diesen Personen ist gemeinsam, dass sie bereits eine Zweitreaktion gelernt haben. Zweitreaktionen helfen uns, von einem Affekt in einen anderen zu wechseln und damit die zugehörigen Systeme miteinander zu verbinden (s. Abbildung oben zu den Verbindungen der Funktionssysteme).

Für das Kapitel «ZRM-Seminar» in diesem Buches spielt es keine Rolle, was Ihre Erstreaktion und was Ihre Zweitreaktion ist. Es interessiert nur, wo Sie bei sich einen Veränderungsbedarf sehen hinsichtlich der Fähigkeit, Ihre Affekte zu regulieren. Wollen Sie ruhiger und gelassener werden und eher sein wie Thomas, um jederzeit Zugriff auf Ihr Selbst zu haben? Wollen Sie aufmerksamer und empfindsamer für drohende Fehler oder Missstände sein wie Rita? Weil Sie das Gefühl haben, ein bisschen Fehler-Zoom wäre für Sie nützlich? Hätten Sie gerne etwas von Monas Spontaneität, ihrer Freude an allem Neuen und ihrer lockeren Art, neue Vorhaben sofort anzupacken? Oder ist Ihnen klar geworden, dass Ihnen eher Ausdauer fehlt, die Fähigkeit, Projekte gut zu planen und dranzubleiben, die Spezialität von Manuel?

Wenn Sie nun Ihre persönliche Problemzone identifiziert haben, dann können Sie direkt mit dem Selbstmanagement-Teil beginnen. Falls Sie sich noch unsicher sind, versuchen Sie, mithilfe des Selbsterfahrungstools herauszufinden, welches Funktionssystem Sie schon beherrschen und bei welchem Sie noch Optimierungsbedarf sehen. Sie finden im Anhang die Möglichkeit, mit einem von Julius Kuhl entwickelten Selbsterfahrungstool Ihren persönlichen Lernbedarf einzuschätzen. Sie können aber auch eine nahestehende Person fragen. Die kann Ihnen sicher auf den Kopf zusagen, wo Ihr Optimierungsbedarf liegt.

Da Sie mit zwei Funktionssystemen arbeiten, dem für positiven und dem für negativen Affekt, kann es durchaus sein, dass Sie das Gefühl haben, bei beiden sei eine Veränderung nützlich. In diesem Fall nehmen Sie sich bitte zuerst Ihre «wichtigere» Baustelle vor und bearbeiten nur diese im ersten Durchgang. Danach steht es Ihnen frei, die zweite Baustelle auf dieselbe Art zu optimieren. Beide auf einmal zu bearbeiten, würde aber mit großer Wahrscheinlichkeit zu Verwirrungen führen.

Falls Sie sich noch weiter in die Materie der Erstreaktion vertiefen wollen, empfehlen wir Ihnen das folgende Kapitel (von Julius Kuhl) über die Erst- und Zweitreaktion, ferner das Buch «Die Kraft aus dem Selbst» von Maja Storch und Julius Kuhl (2011). Dort finden Sie verschiedene Selbsterfahrungstools zur Erstreaktion und eine ausführliche Beschreibung der sieben Funktionsmerkmale des Selbst.

Nachdem Sie Ihren Lernbedarf ermittelt haben, wollen wir Ihnen in dem Kapitel «ZRM-Seminar» zeigen, wie sowohl die Charaktere der «Grob Solutions GmbH» als auch Sie selbst eine Zweitreaktion entwickeln können.

Erstreaktion und Zweitreaktion

Julius Kuhl

Unsere vier Protagonisten von der «Grob Solutions GmbH» unterscheiden sich hinsichtlich der Erstreaktion und sind auf den ersten Blick mit sich ganz zufrieden. Rita achtet auf Details und sieht sehr sensibel jeden Fehler, merkt aber doch auch, dass sie zuweilen aus der «Problemhypnose» gar nicht herauskommt und oft nicht so gut aus dem Überblick ihrer gesammelten Lebenserfahrung (dem Selbst) entscheiden und handeln kann. Thomas kann aufgrund seiner scheinbar unerschütterlichen Gelassenheit in noch so vertrackten Situationen aus seinem Erfahrungsnetzwerk (dem Selbst) immer irgendeine Lösung hervorzaubern, stößt aber doch zuweilen auf die Kritik, dass er Abweichungen von seinem Selbstbild (z. B. die Probleme seiner Frau mit ihm) gar nicht so recht mitbekommt. Mona mag zwar nicht den großen Überblick haben, über den Thomas verfügt, aber sie sprüht meist vor Freude, was ihre eine enorme Handlungsstärke gibt, es sei denn, sie wird mit unangenehmen Aufgaben konfrontiert, die hartnäckiges Durchhalten erfordern. Manuels Stärke ist gerade das zähe Durchhalten, jedenfalls solange er sich in der Welt des Denkens bewegt und nicht die entschlossene Umsetzung unangenehmer Vorsätze ansteht.

Jeder dieser vier «Typen» ist für einen Affekt besonders sensibel, und deshalb hat sich dasjenige System, das in der PSI-Theorie mit der jeweils bevorzugten Affektlage gern kooperiert, auch besonders gut entwickelt: bei Rita der Fehler-Zoom, bei Thomas das Selbst, bei Mona die intuitive Verhaltenssteuerung und bei Manuel der Verstand mit dem Planungsgedächtnis, das schwierige und oft unangenehme Absichten bis zur Erledigung hartnäckig aktiv halten kann. Man kann sich fragen, warum diese vier Personen überhaupt etwas an ihrer Persönlichkeit ändern sollten: Wie wir gesehen haben, hat jeder Typ seine Vor- und Nachteile, und wenn jeder den Job hat, bei dem er die Vorteile des eigenen Typs einbringen kann, dann läuft doch alles prima.

Wenn die vier gut zusammenarbeiten, können sie sich in der Tat gut ergänzen. Wir haben aber gesehen, dass es immer einmal Situationen mit Anforderungen gibt, die man mit seinem Lieblingssystem allein nicht gut bewältigen kann. Da braucht man vor allem das Partnersystem: Wenn schwierige Ziele und Vorsätze umgesetzt werden sollen, muss der Verstand und sein Gedächtnis für unangenehme Vorsätze mit der intuitiven Verhaltenssteuerung kooperieren, damit man nicht, wie Mona, «Schwierigkeiten mit Schwierigkeiten» hat oder, wie Manuel, schwierige Vorhaben im Denken zwar wunderbar verfolgen kann, aber Probleme mit der Umsetzung in konkretes Entscheiden und Handeln bekommt. Wenn man aus Fehlern so lernen will, dass man sie ganz «von selbst» in Zukunft vermeiden kann, dann muss der Fehler-Zoom mit dem Selbst kooperieren. Ritas Fehler-Zoom braucht ab und zu den Zugang zum großen Erfahrungsnetzwerk des Selbst, damit er nicht ständig nur Fehler sammelt, sondern aus ihnen auch dauerhaft etwas lernt, was ja dann passiert, wenn der Fehler-Zoom seine Erkenntnisse an das Selbst meldet. Das Selbst wird dann, sogar ganz von «selbst» immer darauf achten, dass ein gemeldeter Fehler gar nicht erst passiert (was den schönen Nebeneffekt hat, dass Ritas Welt nicht irgendwann nur noch aus Fehlern und Ungereimtheiten besteht). Um Selbstkontakt zu bekommen, würde es Rita helfen, ab und zu aus ihrer Erstreaktion, also aus dem negativen Affekt, herauszukommen. Deshalb will sie als Zweitreaktion die Selbstberuhigung erlernen, damit sie das Partnersystem für konstruktives Fehlermanagement (das Selbst) aktivieren und mit ihrem hochtalentierten Fehler-Zoom zusammenbringen kann. Sie braucht dann eigentlich ihre «Persönlichkeit» gar nicht zu ändern. Mit «Persönlichkeit» meinen wir (übrigens genauso wie die meisten Persönlichkeitspsychologen) die emotionale und kognitive Erstreaktion.

Analoge Beispiele haben wir für jeden unserer Protagonisten dargestellt: Jeder lernt, sein Lieblingssystem mit dessen Partnersystem zu verbinden, wenn er seine affektive Erstreaktion bei Bedarf in Richtung auf den Gegenpol verändern kann (s. Abbildung zu den Verbindungen der vier Funktionssysteme). Wenn das gelingt, ist es also jederzeit möglich, aus der Erstreaktion auszusteigen und sich dem Gegenpol zu nähern (z.B. wenn Rita aus ihrer ängstlichen Erstreaktion per Selbstberuhigung in die Gelassenheit findet oder Thomas bei Bedarf den umgekehrten Weg gehen lernt).

Das Schöne an der Zweitreaktion in der PSI-Theorie ist: Selbst wenn jemand mit seiner Erstreaktion nicht mehr so recht zufrieden ist, braucht er sie gar nicht zu ändern. Man kann sogar aus einer ihrer Einseitigkeit wegen etwas lästig gewordenen Erstreaktion eine wunderbare Ressource machen, wenn man sie durch die gegenregulatorische Zweitreaktion ergänzt, bei Rita also durch die Selbstberuhigung.

Was ist aber eigentlich der Unterschied zwischen Erst- und Zweitreaktion? Die Antwort klingt ganz einfach, hat es jedoch in sich: Die Erstreaktion legt fest, wie rasch ich in einen Affekt (und das zugehörige System) hineinkomme, während die Zweitreaktion bestimmt, wie schnell ich da wieder herauskomme, wenn ich das in irgendeiner Situation einmal für sinnvoll halte. Rita will ja nicht auch dann noch über Fehler oder schlimme Erlebnisse nachgrübeln müssen, wenn sie sich eigentlich auf eine wichtige Aufgabe konzentrieren möchte. Mit dem Erlernen der Zweitreaktion braucht Rita ihre sensible Erstreaktion gar nicht zu verändern, sie setzt sie nur ab und zu vorübergehend außer Kraft, wenn sie mal nicht so gut passt. Durch die Zweitreaktion der Selbstberuhigung können sogar hochängstliche, notorische Grübler, denen der Fehler-Zoom oft die Leistungsstärke verdirbt, aus der Not eine Tugend machen: Sobald sie den negativen Affekt herunterregulieren, wird sogar lästiges und lähmendes Grübeln zu einer Lerngelegenheit. Grübler mit Selbstberuhigungskompetenzen können oft rascher lernen als Gelassene und sind sogar besser vor Stresssymptomen geschützt, weil sie durch ihre Sensibilität mehr Lerngelegenheiten sehen als die Gelassenen (der negative Affekt macht ja auf Fehlerrisiken aufmerksam). Sie können durch die aufeinanderfolgende Aktivierung von Fehler-Zoom und Selbst neue Lösungsmöglichkeiten entdecken, vorausgesetzt, es gelingt ihnen, ihren Fehler-Zoom (Erstreaktion) durch Selbstberuhigung als Zweitreaktion ergänzen.

Solche Effekte sind heute durch viele Forschungsergebnisse bestätigt: In einer Osnabrücker Untersuchung (Baumann, Kaschel u. Kuhl, 2007) zeigte sich, dass Menschen mit einer überdurchschnittlich bis extrem hohen Sensibilität für Fehler, Risiken und leidvolle Erlebnisse sogar einen besseren Schutz vor Stresssymptomen (wie Infektanfälligkeit, Rückenschmerzen, Nervosität, Depression u.v.m) hatten als eine weniger sensible Kontrollgruppe. Genetische Untersuchungen haben gezeigt, dass Kinder, die eine genetische Verwundbarkeit (Vulnerabilität) für Depression, Hyperaktivität oder anderes aufweisen, dann, wenn sie unter liebevollen Bedingungen aufwachsen, mit geringerer Wahrscheinlichkeit an der betreffenden Störung erkranken als Kinder ohne diese genetische Vulnerabilität (Belsky u. Pluess, 2009). Die PSI-Theorie buchstabiert das, worauf es hier in einer «liebevollen Beziehung» ankommt, genauer aus: Wenn die

Bezugsperson je nach Bedarf gegenreguliert, also bei Zögerlichkeit ermutigt, bei Impulsivität bremst, bei Angst beruhigt oder bei allzu großer Unbekümmertheit auf Gefahren hinweist, lernt das Kind, bei Bedarf aus seiner Erstreaktion auszusteigen. Es erwirbt die Selbstregulation der Zweitreaktion durch Verinnerlichung der Fremdregulation: Die zunächst durch Vater oder Mutter ausgelöste Ermutigung (Fremdregulation) wird dann verinnerlicht und somit zur Selbstkompetenz. Das Gute ist: Die Zweitreaktion kann man in jedem Lebensalter nachbessern. So können wir aufgrund der zitierten Forschungsergebnisse z. B. bei Rita davon ausgehen, dass ihre Sensibilität zu einer wunderbaren Grundlage für ihr persönliches Wachstum werden kann: Durch das Selbstberuhigungstraining wird Rita 1. ihren einseitigen Fehler-Zoom überwinden, 2. aus vielen Fehlern lernen, 3. andere nicht nur auf Fehler hinweisen, sondern gleich auch Lösungsmöglichkeiten anbieten, und 4. wird sie zusätzlich viele Selbstkompetenzen entwickeln wie Entscheidungsfähigkeit, Urteilsstärke bis hin zu gesundheitlichem und psychischem Wohlbefinden.

Es lohnt sich, den Lernprozess zur Stärkung der Zweitreaktion noch etwas genauer anzuschauen. Worauf kommt es da genau an? Worin unterscheiden sich die Lern- und Entwicklungsbedingungen der Zweitreaktion von den entsprechenden Bedingungen der Erstreaktion? Nehmen wir als Beispiel den Unterschied in der Erstreaktion zwischen Rita und Thomas: Wenn Rita auf eine Problemsituation trifft, dann wird aufgrund ihrer sensiblen Erstreaktion der negative Affekt sehr rasch ansteigen. In der folgenden Abbildung sieht man das in dem raschen Anstieg der braunen Kurve für Ritas negativen Affekt. Bei Thomas verläuft der Anstieg des negativen Affekts viel langsamer. Hier wird nun ein wichtiger Unterschied zwischen den beiden deutlich: Thomas wird negativen Affekt seltener bewusst erleben als Rita. Bevor ein Affekt bewusst wird, muss er eine bestimmte Stärke erreichen. Diese kritische Bewusstseinsschwelle ist in der Abbildung durch die orange Linie dargestellt. Bei Thomas dauert es länger, bis ihm ein negativer Affekt bewusst wird. Das bedeutet, dass er in vielen Situationen schon längst an etwas anderes denkt oder durch eine andere Person abgelenkt ist, bevor der negative Affekt überhaupt bewusst werden kann. Die Erstreaktion kann man demnach gut bei sich und bei anderen feststellen, wenn man nach der Häufigkeit negativer Gefühle fragt: Menschen wie

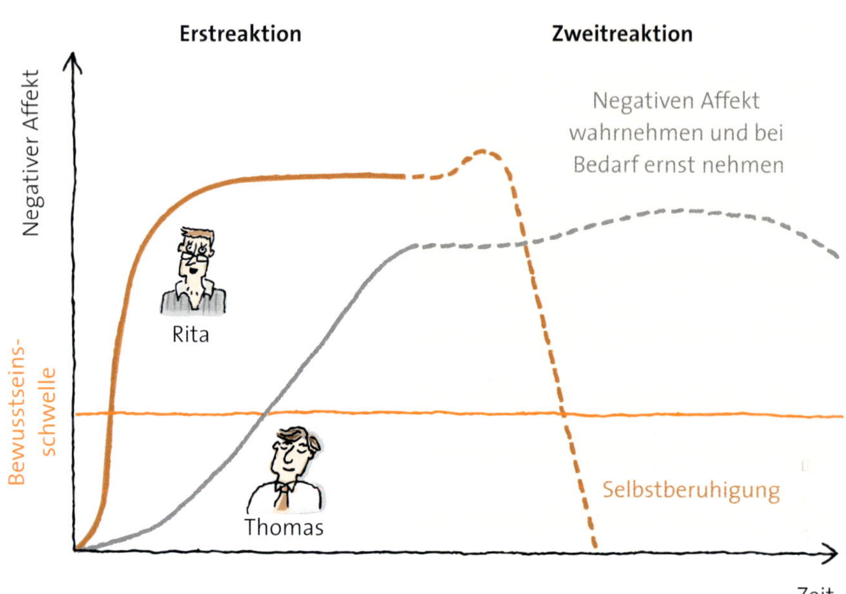

Rita mit einer sehr sensiblen Erstreaktion erleben negativen Affekt häufiger als Menschen wie Thomas. Damit können wir auch die Entwicklungsbedingungen für die sensible Erstreaktion verstehen: Je häufiger negative Erlebnisse bewusst werden, desto sensibler wird die Erstreaktion.

Wie wir gesehen haben, hängt die Entwicklung der Zweitreaktion nicht von der Häufigkeit relevanter Erlebnisse ab, sondern von der Art, wie Bezugspersonen auf die Erstreaktion reagieren. Wenn es z. B. die Mutter ab und zu schafft, ihren Sohn zu beruhigen, wenn er sich ängstigt, dann kann er sich später aus einer negativen Stimmung selbst herausholen (Selbstberuhigung). Das Beispiel lässt sich auch auf die Selbstmotivierung (und andere Selbstkompetenzen) übertragen: Wenn es z. B. etwa dem Vater gelingt, dann, wenn seine Tochter bei auftretenden Schwierigkeiten die Lust verliert, ihr ein wenig Mut zu machen, dann lernt die Tochter, sich später in ähnlichen Situationen selbst Mut zu machen (Selbstmotivierung). Das weist einen einfachen Weg für unsere Protagonisten (und alle Leserinnen und Leser) auf, wie sich die Zweitreaktion auch später stärken lässt: Man braucht nur eine Person, die einem ab und zu mal Mut macht, einen beruhigt oder sonst eine Gegenregulation ermöglicht, um allmählich die betreffende Zweitreaktion selbst regulieren zu können.

Die Sache hat allerdings noch einen Haken. Es gibt ja genügend Beispiele, die zeigen, dass Trainingseffekte oft recht kurzlebig sind. Großveranstaltungen, in denen Motivationsgurus bei den Teilnehmern unter Umständen enorme Energien freisetzen können, führen nicht automatisch zur Entwicklung bleibender Selbstkompetenzen. Die PSI-Theorie lenkt den Blick auf eine wichtige Zusatzbedingung: Wenn die erlebte Ermutigung, Beruhigung oder Ähnliches wirklich zu einer bleibenden Selbstkompetenz werden soll, muss sie ins Selbst integriert werden. Das geht aber nur, wenn das Selbst aktiviert ist. Wenn jemand «zumacht» oder «sich» verschließt, wenn also das Selbst nicht aktiviert ist, dann können noch so gute Erfahrungen natürlich auch nicht ins Selbst integriert werden. Bleibt also nur noch zu fragen: Wie kann man im Training die Wahrscheinlichkeit erhöhen, dass das Selbst aktiviert ist? Die Antwort liegt auf der Hand: Das Selbst wird aktiviert, eine Person öffnet «sich» (ihr Selbst), wenn sie sich verstanden und akzeptiert fühlt. Nun werden die oben zitierten Befunde zur genetischen Verwundbarkeit für psychische Symptome noch besser verständlich: Kinder mit einer genetischen Vulnerabilität für bestimmte Symptome erkranken sogar seltener als Kinder ohne diese Vulnerabilität, wenn sie in liebevollen Beziehungen aufwachsen. In solchen fühlt man sich verstanden und akzeptiert, sodass man «sich» (das heißt, das Selbst) öffnet. Das ist genau die Zusatzbedingung, die es zulässt, dass die durch die Bezugsperson ermöglichte Zweitreaktion (z. B. Beruhigung) zur Selbstkompetenz werden kann.

Wenn es so sehr auf die Öffnung des Selbst ankommt, dann leiten wir daraus eine wichtige praktische Schlussfolgerung ab: Jede Situation, die das Selbst öffnet, kann helfen, Zweitreaktionen zu dauerhaften Selbstkompetenzen werden zu lassen. Das bedeutet, dass es nicht immer eine andere Person (ein verstehendes Gegenüber) braucht. Die Stärkung der Zweitreaktion funktioniert auch ohne eine konkrete Beziehungserfahrung, z. B. dadurch, dass man sich ab und zu bei Bedarf die Zweitreaktion in der Fantasie vorstellt. Das ZRM-Training, das positiv besetzte Bilder mit den eigenen Zielen verbindet, ist ein Beispiel für ein solches Vorgehen (vgl. Storch u. Kuhl, 2010).

ZRM-Seminar

(Zürcher Ressourcen Modell)

Es ist morgens um sieben, Thomas steht im Badezimmer vor dem Spiegel, und noch bevor er sich mit Rasierschaum das Gesicht einschäumt, schaut er sein Spiegelbild an und sagt zu sich: «Heute gehts los mit dem Selbstmanagement-Seminar. Was wolltest du noch mal? Ach, stimmt, ich sollte etwas mehr Gespür entwickeln.» Er lacht und schüttelt den Kopf. Und während er den Rasierschaum aufträgt, denkt er: «Immerhin, das Team scheint sich zu freuen. Jedenfalls haben alle den vorbereitenden Fragebogen ausgefüllt, und in der Pause wurde schon das eine oder andere Mal darüber gesprochen. Mal schauen, was das Seminar wirklich bringt.»

Um acht Uhr sind Anke, die ZRM-Seminarleiterin, Thomas, Rita, Mona, Manuel und alle anderen Mitarbeitenden im großen Sitzungszimmer versammelt. Anke begrüßt die Anwesenden: «Ich wünsche euch einen schönen guten Morgen, herzlich willkommen zum ZRM-Seminar. Von Thomas habe ich erfahren, dass ihr euch in der Firma alle duzt, da schließe ich mich gern an, ich heiße Anke.»

ZRM
Wolf

Rubikon-Prozess

Wie Thomas mir erzählt hat, habt ihr alle schon ein großes Stück Vorarbeit geleistet, den Selbst-Test ausgefüllt und euren Lernbedarf bezüglich der Zweitreaktion erkannt. Bevor wir mit dem Seminar starten, will ich euch einen Überblick darüber geben, welchen Weg ein Wunsch oder ein Vorhaben nimmt, bevor er in konkrete Handlung umgesetzt wird. Das geht am besten anhand des Rubikon-Prozesses. Der Rubikon-Prozess beschreibt aus psychologischer Sicht die verschiedenen Stadien, die ein Vorhaben durchlaufen muss, bevor es zuverlässig umgesetzt werden kann. Jede einzelne Phase, die wir im Folgenden Schritt für Schritt durchgehen werden, ist für die Umsetzung eines Vorhabens wichtig. Wann immer ihr euch etwas Neues und Gutes vorgenommen habt, es euch aber nicht gelingt, das Vorgenommene auch dauerhaft umzusetzen, steckt ihr an einer Stelle im Rubikon-Prozess fest, oder ihr habt ihn unvollständig durchlaufen.

Der Rubikon-Prozess hat seinen Namen nach einer historischen Begebenheit im Jahr 49 vor Christus. Zu dieser Zeit lagerte Cäsar mit seinen Truppen vor dem Fluss Rubikon in Oberitalien, der damals die natürliche Grenze zwischen Italien und der römischen Provinz Gallien darstellte. Cäsar musste sich entscheiden, ob er, wie vom Senat verlangt, seine siegreichen Truppen auflösen und alleine nach Rom reisen sollte, was das Ende seiner Karriere bedeutet hätte. Oder ob er mit seinen Truppen nach Rom marschieren sollte, um einen Staatsstreich auszuführen und sich somit seine Macht zu sichern. Allerdings konnte die zweite Möglichkeit einen Bürgerkrieg nach sich ziehen. Nach einer mehrtägigen Abwägephase überquerte Julius Cäsar mit seinen Truppen und den Worten «alea jacta est» (der Würfel ist geworfen) den Rubikon und hatte damit eine unumkehrbare Entscheidung getroffen.

Vielleicht kennt ihr das aus eigener Erfahrung, dass ihr an einer Entscheidung tagelang, wochenlang oder monatelang herumgedacht habt, bis eines Tages etwas passiert ist, das euch, genau wie Cäsar, zu einem unumkehrbaren Entschluss gebracht hat. Vielleicht war der Grund etwas, das in eurer Umwelt passiert ist, jemand hat eine Äußerung gemacht, es gab zum x-ten Mal Streit um dieselbe Sache, eure Personenwaage hat die magische Obergrenze überschritten. Oder der Entschluss ist in euch so weit herangereift, dass ihr auf einmal das deutliche Gefühl hattet, so gehts nicht weiter, ab sofort werde ich etwas ändern. Ein solch deutliches Gefühl des Wollens, wir nennen es Intention, stellt sich allerdings erst ein, wenn ihr den Rubikon überschritten habt. Bevor ihr das könnt, müsst ihr zuerst die beiden Phasen links des Rubikons durchlaufen.

Lasst uns also die einzelnen Phasen einmal genauer ansehen. In Phase eins findet die Klärung des unbewussten Bedürfnisses statt. In der zweiten Phase steht das bewusste Vorhaben im Raum, über welches ihr alle schon verfügt, nachdem ihr den Fragebogen ausgefüllt habt. Die Aufgabe besteht nun darin, das bewusste Vorhaben mit den unbewussten Bedürfnissen in Einklang zu bringen und zu synchronisieren. Das heißt, ihr gleicht das bewusste Vorhaben mit eurem Unbewussten ab, damit beide Systeme, das Bewusste und das Unbewusste, an einem Strang ziehen und ihr den Rubikon überschreiten könnt. Wie ihr das macht, erzähle ich euch später.

Rubikon-Prozess

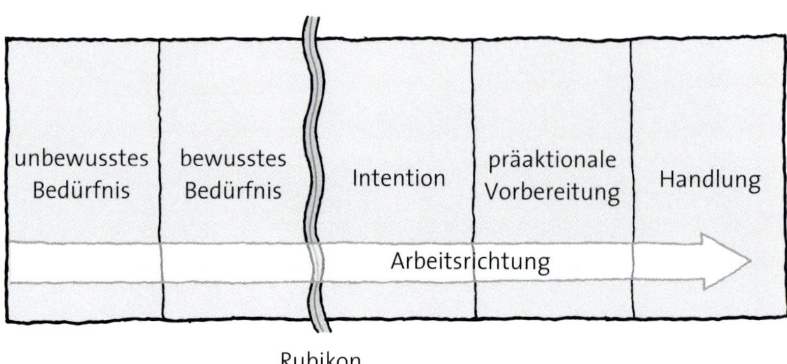

In Phase drei, also nach der Überschreitung des Rubikons, habt ihr bereits eine Intention, das heißt ein starkes Gefühl des Wollens, gebildet. Ihr habt ein klares Ziel vor Augen, das ihr unbedingt erreichen wollt. Allerdings brauchen die meisten Vorhaben, die eine große Veränderung in eurem bisherigen Verhalten erfordern, eine gute Vorbereitung. Denn das Unbewusste hat die Eigenschaft, alle Vorgänge und Verhaltensmuster, die wir regelmäßig anwenden, aus Energiespargründen zu automatisieren. In diesem automatischen Modus läuft das Verhalten dann reibungslos und energieeffizient ab, wann immer wir es brauchen, ganz ohne darüber nachdenken zu müssen. Wenn wir uns allerdings vorgenommen haben, ein altes Verhalten gegen ein neues einzutauschen, dann können uns diese Automatismen in die Quere kommen. Darum kümmern wir uns in Phase vier. Und in Phase fünf gibt es von mir dann noch Tipps, wie ihr euer neues erwünschtes Verhalten gut und reibungslos in den Alltag integrieren könnt.

Zwei Systeme: Verstand und Unbewusstes

Nachdem ihr jetzt eine Ahnung davon habt, welchen Weg ein neues Vorhaben durchlaufen muss, ehe ihr es dauerhaft und erfolgreich umsetzen könnt, will ich auf die beiden Systeme eingehen, die es dafür zu synchronisieren gilt.

Das eine System, der Verstand mit seinem Gedächtnis für Intentionen, ist an unser Bewusstsein gekoppelt. Mit ihm können wir über Vorhaben nachdenken, mit ihm hört ihr mir gerade zu, und mit ihm lesen Sie zu Hause dieses Buch. Über Dinge, die ich mit dem Verstand begriffen habe, kann ich sprechen, denn das Kommunikationsmittel des Verstandes ist die Sprache.

Das andere System, das Unbewusste, ist aus der Sicht der Evolution ein sehr «altes» System, das aufgrund seiner lange bewährten Arbeit einen großen Einfluss auf unser Verhalten hat. Und gerade weil das Unbewusste maßgeblichen Einfluss auf unser Verhalten hat, ist es, wann immer wir ein Verhalten ändern wollen, wichtig zu ergründen, was das Unbewusste von dieser Verhaltensidee hält. Das Unbewusste arbeitet mit Assoziationen und Erinnerungen an Ereignisse und persönliche Erfahrungen. Es verfügt nicht über die Begriffswelt der Sprache, sondern denkt in Bildern und äußert sich über diffuse Gefühle oder Körperempfindungen. Das berühmte mulmige Gefühl im Bauch ist so ein Signal aus dem Unbewussten.

Mit dem Verstand können wir Aufgaben und neue Projekte planen. Wir können Vor- und Nachteile abwägen und weit in die Zukunft denken, was wohl passieren könnte, wenn wir uns für das eine und gegen das andere entscheiden. Überlegungen, die wir mit dem Verstand anstellen, können wir mit anderen besprechen, denn sie sind uns ja bewusst. Der Verstand arbeitet seriell, das heißt, er arbeitet immer eins nach dem anderen ab. Und das kann bei komplexen, vielschichtigen Entscheidungen, bei denen viele verschiedene Punkte zu

	Verstand	Unbewusstes
Arbeitstempo	langsam	schnell
Informationsverarbeitung	seriell	parallel
Kommunikationsmittel	Sprache	somatische Marker

berücksichtigen sind, lange dauern. Bis wir mit dem Verstand zu einer Entscheidung kommen, braucht es mindestens 900 Millisekunden, manchmal aber auch Stunden, Tage, Wochen oder Monate. Ihr könnt die Kapazität und Arbeitsweise eures Verstands im Alltag selbst prüfen. Versucht einmal, einer Radiosendung aufmerksam zu folgen und dabei gleichzeitig ein Kreuzworträtsel zu lösen, und schon wisst ihr, was serielles Verarbeiten bedeutet.

Das Unbewusste hingegen arbeitet ganz anders. Innerhalb von 200 Millisekunden habt ihr schon eine Bewertung, ob das, was ihr gerade vorhabt oder entscheiden wollt, gut und zuträglich für euch ist oder eher schlecht und abträglich ausfallen kann. Das Unbewusste arbeitet im Gegensatz zum Verstand parallel, das heißt, es kann ganz verschiedene Aspekte gleichzeitig überprüfen und in seine Entscheidung mit einbeziehen. So könnt ihr, wenn ihr einen Vortragssaal betretet, mühelos und in Sekundenschnelle die Entscheidung treffen, wo ihr euch hinsetzen wollt: Sitze ich lieber vorne, um alles gut zu hören, oder lieber weiter hinten, damit ich auch mal unauffällig die Augen zumachen kann, lieber am Gang, damit ich zum Ende schneller rauskomme, oder doch in der Mitte, um die Referentin besser zu sehen? Ist es hier drin warm genug, um die Jacke auszuziehen, oder behalte ich sie besser an? Setze ich mich neben meinen Kollegen oder lieber woandershin, weil mir nicht nach Quatschen zumute ist? Das alles und vieles mehr wird von unserem Unbewussten in seine Entscheidungsfindung mit einbezogen, um uns dann entsprechend handeln zu lassen. Und das alles innerhalb von einem Wimpernschlag – schneller gehts nicht.

Wenn uns allerdings jemand fragt, warum wir uns genau hier und nicht woandershin gesetzt haben, können wir nur sagen: Mir war eben danach. Mögliche rationale Gründe für die Wahl unseres Sitzplatzes können wir erst nach längerem Nachdenken nennen. Das Unbewusste kommuniziert eben nicht mit Sprache, sondern mit Gefühlen.

Somatische Marker

Die Gefühle, die uns das Unbewusste schickt, werden «somatische Marker» oder umgangssprachlich auch Bauchgefühle genannt. Sie sind das Signalsystem des Unbewussten, mit dem es uns seine persönlichen Bewertungen zu einer Situation, einer Sache oder einer Person bekannt gibt. Da es um «persönliche» Erfahrungen geht, können wir diese intelligente Variante des Unbewussten mit dem verbinden, was wir über das Selbst erfahren haben.

Den Begriff der somatischen Marker hat der Hirnforscher Antonio Damasio (2011) eingeführt. *Soma* kommt aus dem Griechischen und heißt Körper, und mit Marker ist das Markieren, das heißt, das Hinweisen auf etwas, gemeint. Somatische Marker weisen uns also mit einer Körperempfindung darauf hin, wie unser Unbewusstes die Situation einschätzt. Wer sein Unbewusstes für Entscheidungen nutzen will, braucht folglich Kenntnis über seine somatischen Marker. Ihr könnt eurem Unbewussten bei der Arbeit zuschauen, wenn ihr die Kontakte in eurem Handy durchgeht. Einfach nur den Namen lesen, und schon gibts eine Bewertung vom Unbewussten dazu, über den Weg der Körperempfindung.

Die persönlichen Bewertungen unseres Unbewussten kommen nicht von ungefähr, sondern basieren auf unseren Lebenserfahrungen. Im Unbewussten sind alle Lebenserfahrungen eines Menschen mit den dazugehörigen Bewertungen abgespeichert.

Der Hirnforscher Gerhard Roth (2009) geht davon aus, dass das emotionale Erfahrungsgedächtnis, so nennt er den Wissensspeicher des Unbewussten, bereits in der fünften Embryonalwoche seine Arbeit aufnimmt. Ab diesem Moment wird jede Erfahrung, die wir in unserem Leben machen, mit einer einfachen, aber wirkungsvollen Bewertung versehen: gut für mich gewesen, gerne wieder machen, oder schlecht für mich gewesen, bitte bleiben lassen. Wenn wir nun eine Entscheidung treffen müssen oder eine neue Aufgabe in Angriff nehmen wollen, dann macht sich das emotionale Erfahrungsgedächtnis auf die Suche nach ähnlichen Entscheidungen oder Situationen, die wir schon einmal gemacht haben (wir dürfen hier durchaus an das Selbst mit seinem ausgedehnten Erfahrungsgedächtnis denken). Wird eine passende Erfahrung gefunden, dann wird in einem zweiten Schritt wahrgenommen, ob diese Situation oder Entscheidung damals für uns gut gewesen ist oder nicht. Je nachdem, wie diese Bewertung ausfällt, bekommen wir von unserem emotionalen Erfahrungsgedächtnis einen positiven oder negativen somatischen Marker, das heißt, ein entsprechendes Signal als Körperempfindung. Wenn wir schon einmal in einer ähnlichen Situation eine schlechte Erfahrung gemacht haben, dann bekommen wir einen negativen somatischen Marker geschickt, mit dem Hinweis: «Stopp, sein lassen». Haben wir dabei schon einmal eine gute Erfahrung gemacht, dann erleben wir einen positiven somatischen Marker mit dem Hinweis: «Go», wieder machen.

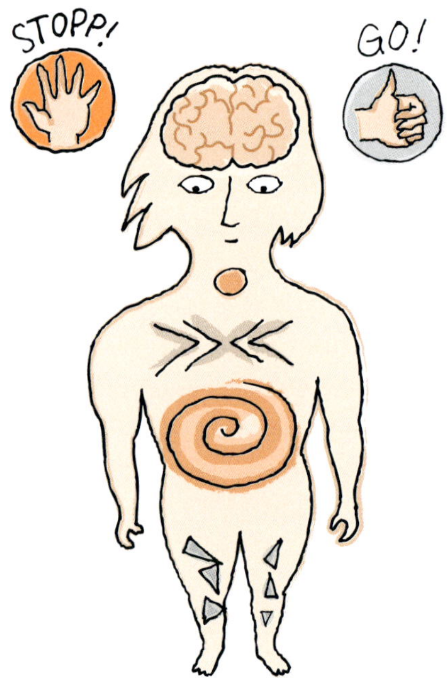

Somatische Marker sind somit unsere ganz persönlichen Ratgeber, die nur für die jeweilige Besitzerin oder den Besitzer selbst Gültigkeit haben, denn jeder von uns macht ja seine ganz persönlichen, individuellen Erfahrungen im Leben. Das ist auch der Grund, warum gut gemeinte Ratschläge aus der Außenwelt für uns nicht immer nützlich sind, denn wir haben zu dieser Situation vielleicht eine ganz andere Erfahrung gemacht als der Ratgebende.

So individuell wie die persönlichen Erfahrungen einer Person sind, so individuell und unterschiedlich werden die somatischen Marker wahrgenommen. Negative somatische Marker können sich bei manchen als Kloß im Hals oder als Grummeln im Magen bemerkbar machen, anderen stellen sich die Haare auf, oder sie spüren den Ärger unmittelbar als Verspannung im Nackenbereich. Positive somatische Marker zeigen sich bei einigen als Freiheitsgefühl mit der dazugehörigen Weite in der Brust, als schwebende Leichtigkeit oder als Rundum-Energetisierung, auch das ist individuell geprägt.

Die Affektbilanz

Um einen bewussten Vorsatz, angenehm oder unangenehm, langfristig und erfolgreich umzusetzen, ist es wichtig, mit dem eigenen Unbewussten kommunizieren zu können. Darum befassen wir uns jetzt mit der Sprache des Unbewussten. Wir haben schon darüber gesprochen, dass wir die Bewertungen, die das Unbewusste schickt, nicht in Form von Sprache wahrnehmen können, sondern dass wir sie als Bauchgefühle spüren. Die Körpersignale des Unbewussten lassen sich ganz einfach in Plus und Minus einteilen, je nachdem, wie angenehm wir sie empfinden. Wenn etwas voraussichtlich gut werden wird, schickt das Unbewusste ein Plus-Gefühl. Wenn etwas aller Erfahrung nach unangenehm wird, meldet sich ein Minus-Gefühl. Man kann diese beiden Gefühlstypen auf zwei Skalen darstellen, wir nennen diese Art der Darstellung «Affektbilanz».

Warum nennen wir diese Skala Affektbilanz? Affekte sind die einfachsten Gefühle oder Gefühlsregungen, die auf einer Ebene im Gehirn angesiedelt sind, auf der lediglich zwischen positiven und negativen Gefühlen unterschieden wird. Affekte unterscheiden sich aber nicht nur hinsichtlich ihrer positiven oder negativen Ausprägung, sondern auch in Bezug auf ihre Intensität. Unter Intensität versteht man die Stärke eines Gefühls, ob also das Gefühl eher schwach oder eher stark ausgeprägt ist. Und weil unser Gehirn die negativen und die positiven Affekte, wie im Kapitel der PSI-Theorie beschrieben, nicht in denselben Hirnstrukturen generiert, können wir zu ein und derselben Sache sowohl positive als auch negative Affekte haben. Diese sogenannten gemischten Gefühle lassen sich mithilfe der Affektbilanz auf einfache Art und Weise darstellen. Eine Affektbilanz kann man zu allen möglichen Situationen, Dingen und Personen erstellen. Die Skala der Affektbilanz ist bewusst ohne

Einteilung, das heißt nur mit den Endpunkten 0 und 100 als Minimum und Maximum versehen. Der Grund dafür ist: Der Verstand ist mit dieser visuellen Analogskala überfordert und gibt das Zepter an das Unbewusste ab. Dem Unbewussten fällt es leicht, die Intensität auf dieser Skala einzuschätzen, es braucht dazu keine Striche und Zahlen. Der Verstand kann im Anschluss daran die Stärke als Zahl eintragen, wenn das gewünscht ist. Im Nachrechnen ist der Verstand sehr gut.

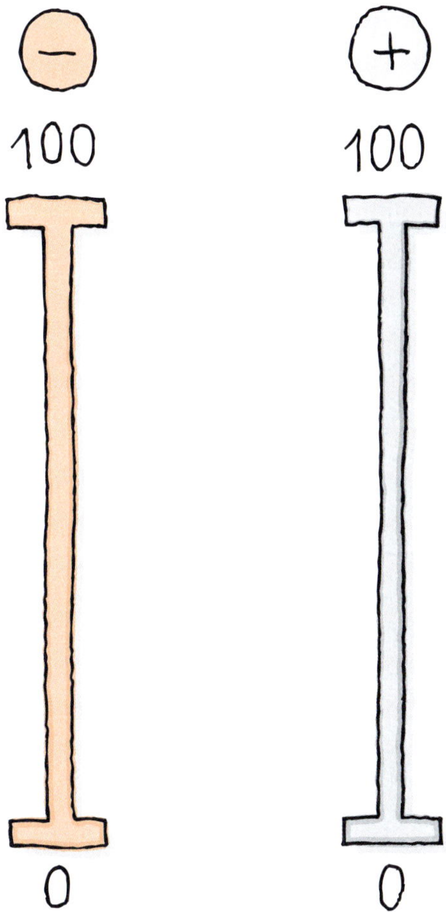

Zur Übung nennt ihr mir doch bitte einige Beispiele für Dinge, die bei euch einen starken negativen und gar keinen positiven Affekt auslösen.

Das Gleiche geht natürlich auch bei schönen Ereignissen, Dingen und Personen. Nennt mir bitte wieder einige Beispiele, die bei euch ausschließlich einen starken positiven Affekt auslösen.

Starker positiver Affekt

Wir können aber auch positive und negative Affekte zur gleichen Zeit haben, das sind dann die gemischten Gefühle. Wer kann mir hier einige Beispiele nennen?

Gemischte Affekte

Teures neues Auto

Weihnachten

Dentalhygiene

Und nun können wir damit beginnen, uns zu verdeutlichen, was das Unbewusste zu den guten Vorsätzen sagt, die ihr gebildet habt. Wie sieht denn die Affektbilanz zu eurem Lernbedarf aus?

«Also, meine Affektbilanz ist ganz klar 0 minus und 100 plus», platzt Rita in die Runde. «Ich will unbedingt lernen, weniger zu grübeln und entspannter durchs Leben zu gehen. Bei diesem Wunsch kann nicht einmal ich etwas Negatives entdecken», strahlt sie.

Das hört sich gut an, Rita, genau das habe ich bei dir auch vermutet. Und wie sieht deine Affektbilanz aus, Manuel?

«Tja, ganz so euphorisch wie Rita bin ich nicht, aber das liegt wohl an meinem Naturell. Ich will ja lernen, schneller ins Handeln zu kommen, und da habe ich auch eine 0 auf der Minus-Seite, denn ich kann daran nichts Schlechtes entdecken, wenn ich ein bißchen entscheidungs- und handlungsfreudiger werde. Auf der Plus-Seite komme ich «nur» auf 70, bin aber vollauf zufrieden damit. Oder gibt es da irgendwelche Vorschriften?»

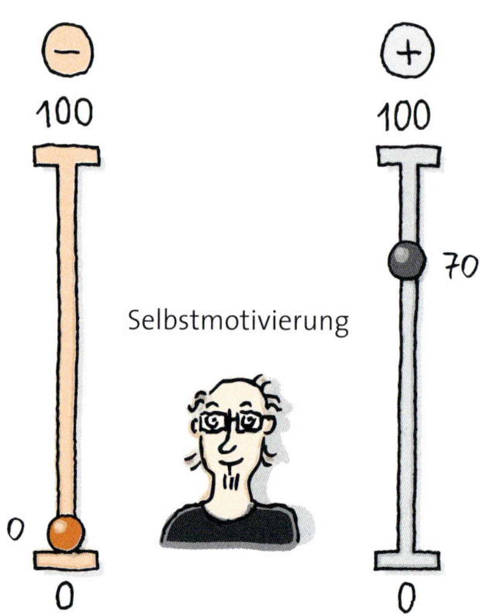

Nein, Manuel, an dieser Stelle gibt es überhaupt keine Vorschriften, ihr sollt jetzt ja nur herausfinden, was euer Unbewusstes zu dem Vorhaben meint. Und das ist ganz individuell, je nachdem, was man für einen Lernbedarf hat.

«Dass das Unbewusste, je nach Lernbedarf, individuell bewertet, könnt ihr an mir sehen», stöhnt Mona. «Ich soll mich ja selbst bremsen oder, wissenschaftlich ausgedrückt, meinen positiven Affekt hemmen, stimmts? Ich weiß, dass das wichtig ist, damit ich auch schwierige Ziele und nicht so angenehme Vorsätze in Angriff nehmen kann. Dazu muss ich wohl lernen, auszuhalten, dass in solchen Situationen nicht immer Freude aufkommt. Andererseits wird mir ein bisschen mehr Zielorientierung helfen, mich nicht gar so häufig zu verzetteln. Und das, Leute, macht mir ziemlich wenig Spaß, das könnt ihr mir glauben. 30 minus und 70 plus sind das höchste der Gefühle, und da war ich in der Einschätzung schon sehr wohlwollend. Das Minus kommt ganz klar von der Vorstellung, ab sofort vernünftig oder sagen wir vernünftiger sein zu müssen. Andererseits habe ich die Nachteile meiner schnellen Gangart ja schon oft deutlich zu spüren bekommen, und die Aussicht auf ein bisschen Entschleunigung in meinem Leben und damit bessere Gesundheit gleicht das allemal wieder aus.»

Schön, Mona, das freut mich zu hören, dass das positive Gefühl bei deinem Vorhaben überwiegt. Es gibt ja auch unangenehme Pflichten, die man erledigen muss, und da wäre es falsch, anzunehmen, dass das nur mit positiven Gefühlen geht. Unangenehm bleibt unangenehm, aber im ZRM haben wir eine Technik entwickelt, mit der selbst solche Vorhaben mit Freude umgesetzt werden können. Last but not least, wie sieht denn deine Gefühlsbilanz aus, Thomas?

«Frag besser nicht», grummelt Thomas, «wenn ich mir die anschaue, wundere ich mich, dass ich überhaupt noch hier sitze. Und das hast du nur deinem letzten Satz zu verdanken, dass du eine Methode dabeihast, mit der ich mein Vorhaben – so ziemlich das blödeste Vorhaben, das ich mir je vorgenommen habe – mit Freude umsetzen kann. 95 minus und höchstens 20 plus hat das im Moment. Woher die 20 plus kommen, weiß ich auch nicht, vielleicht ist das ja die Herausforderung bei dem Thema. Ich soll ja laut Test negativen Affekt aktivieren, mir also selber das Leben vermiesen. Ich glaub, ich spinne! Nichts gegen dich, Anke, aber wer um alles in der Welt kommt auf die Idee, von einer ausgeglichenen und zufriedenen Person wie mir zu verlangen, dass sie künftig schlecht gelaunt durch die Gegend marschiert? Negativen Affekt aktivieren, ausgerechnet ich, und dabei fröhlich bleiben, ich glaubs echt nicht. Bin gespannt, wie du das hinkriegst.»

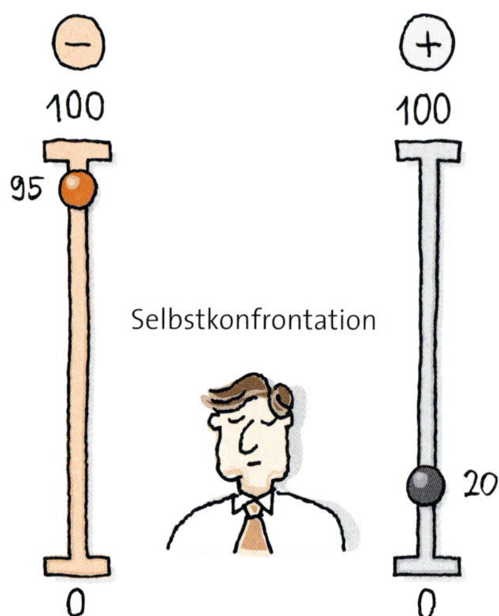

Jaja, Thomas, mit dieser Reaktion habe ich schon gerechnet. Darum habe ich unsere Methode auch schon vorsorglich erwähnt. Ich freue mich, dass du dich trotzdem deiner Entwicklungsaufgabe stellst. Du musst ja nicht lernen, schlecht gelaunt durch die Gegend zu marschieren, sondern sollst immer dann deinen negativen Affekt, also deine gesteigerte Aufmerksamkeit, aktivieren, wenn ein Fehler passiert, etwas schiefläuft oder besser laufen könnte. Dann kannst du diese Situation fokussiert betrachten, um herauszufinden, warum der Fehler passiert ist oder was besser laufen könnte. Und dazu musst du dich im Fehler-Zoom befinden, und der wird durch negativen Affekt aktiviert.

Und was das Hinkriegen angeht, da bin ich mir sicher, dein Unbewusstes kriegt das mit links hin. Wie, das erkläre ich euch gleich im Anschluss.

→ Liebe Leserinnen und Leser, tragen Sie bitte die Affektbilanz zu Ihrem Lernbedarf in das Arbeitsblatt ein.

Die Affektbilanz zu meinem Lernbedarf

Mein Lernbedarf

....

....

....

....

....

....

....

Die Affektbilanz

⊖	⊕
100	100
0	0

Arbeitsblatt

Die Bildwahl

Durch den Selbsttest habt ihr ja schon einen persönlichen Veränderungsbedarf bewusst herausgefunden und durch die Affektbilanz dazu die Meinung eures Unbewussten eingeholt. In dieser Phase des Trainings gibt es Leute, die sich schon total auf die Umsetzung freuen, und es gibt Leute, die noch skeptisch sind. Das ist völlig normal. Egal, ob man sich über den neuen Vorsatz freut oder nicht, der Weg durch die Rubikon-Landschaft ist für alle gleich.

Ihr werdet jetzt alle ein Bild aussuchen, das euch dabei hilft, euren Vorsatz umzusetzen. Warum arbeiten wir an dieser Stelle mit Bildern? Wir erreichen hierdurch das Unbewusste, das Bilder besser verarbeiten kann als Worte. Seht euch bitte einmal die Bilder, die hier ausliegen, in aller Ruhe an, mit folgender Frage im Hintergrund: Welches Bild hilft mir dabei, meinen Lernbedarf umzusetzen?

Ihr werdet sehen, da gibt es ein Bild, das ein besonders starkes, gutes Gefühl in euch auslöst, das euch magisch anzieht oder das unbedingt zu euch will. Achtet bei der Auswahl auf dieses starke positive Gefühl. Wenn ihr im Moment noch nicht genau wisst, warum euch dieses Bild so gut gefällt, ist das zu diesem Zeitpunkt egal, das klären wir in einem nächsten Arbeitsschritt.

→ Liebe Leserinnen und Leser, überlegen Sie sich vor der Bildwahl, was Ihr Lernbedarf ist oder machen Sie den Selbsttest, wenn Sie sich nicht ganz sicher sind.

Unsere vier Protagonisten haben folgenden Lernbedarf:

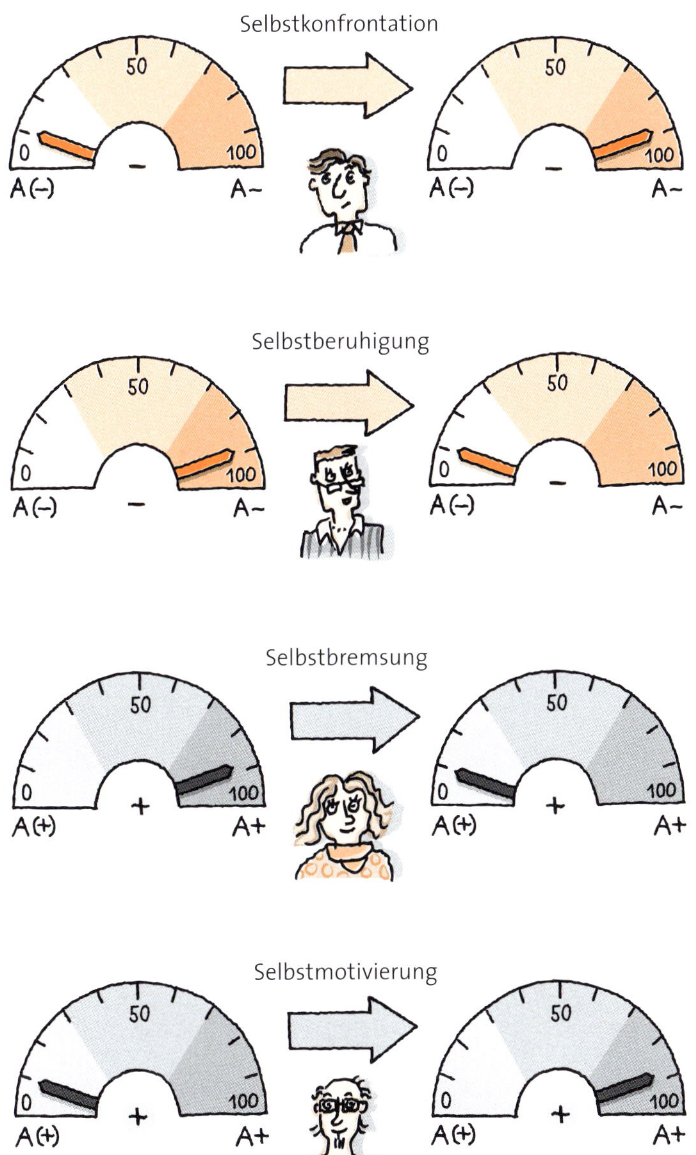

Mona hat das Bild mit den Bäumen gewählt und meint: «Als mein Hausarzt mir kürzlich verordnet hat, kürzerzutreten und zur Ruhe zu kommen, habe ich ihn nicht so ernst genommen. Mir gehts ja prima, und ich bin glücklich mit meinem Leben. Leider rät mir nun der Selbsttest auch dazu, den Fuß vom Gas zu nehmen. Vielleicht ist da ja doch was dran. Jedenfalls bin ich sehr gespannt, was das Seminar bei mir bewirkt.» Während sie ihr Bild anschaut, huscht ihr ein zufriedenes Lächeln über das Gesicht. «Ich habe das Baumbild gewählt, weil mir der Wald ein Gefühl von Ordnung und Geradlinigkeit gibt und mich die Farben ansprechen.»

Thomas meint mit einem breiten Grinsen auf dem Gesicht: «Bei mir hat nicht der Hausarzt, sondern meine Frau ein Machtwort gesprochen, und der Fragebogen bestätigt ihre Sicht: Mehr Gespür ist angesagt.» Er schaut auf sein Bild und sagt: «Ich habe keine Ahnung, weshalb der Wolf zu mir wollte, aber das klären wir ja gleich, stimmts?»

«Mir fehlt manchmal etwas die Spontaneität und die Handlungsenergie», sagt Manuel, während er sein Bild mit den Wanderschuhen zeigt. «Ich plane gerne und hasse Überraschungen, deshalb erstarre ich fast, wenn man mich überrumpelt, das ist mir sehr unangenehm. Ich hoffe, dass die zwei Tage mir neuen Schub verleihen und ich lerne, meine Vorhaben zügiger anzupacken.» Er lacht und fügt an: «Die Wanderschuhe geben mir das Gefühl, vorwärtszugehen, und das ist genau das, was ich jetzt brauche.»

Rita schaut ihr Adler-Bild an und lächelt: «Ich habe diesen Adler ausgewählt, weil er so leicht und frei über allen Dingen schwebt. Mein Wunsch ist es», Rita errötet nun leicht, «etwas unbeschwerter durch die Welt zu gehen. Ständig fühle ich mich für alles verantwortlich und bin schon wegen Kleinigkeiten beunruhigt. Meine Erwartungen an das Seminar sind groß, denn ich habe schon viel Gutes über das ZRM gehört und gelesen, und ich freue mich deshalb sehr auf die zwei Tage.»

→ Liebe Leserinnen und Leser, Sie können sich eine Auswahl von Bildern auf der Seite www.zrm.ch unter dem Link Online-Tool anschauen und eines davon auswählen. Alternativ dazu können Sie sich aber auch die ZRM-Bildkartei (Krause u. Storch, 2010) besorgen oder in einer Papeterie, die ein möglichst großes Angebot an Postkarten und Ansichtskarten hat, auf die Suche nach dem Bild mit dem richtig guten Gefühl zum eigenen Lernbedarf machen.

Der Ideenkorb

Nachdem ihr euch mithilfe des Unbewussten ein Bild ausgesucht habt, das euch bei eurem Vorhaben als Unterstützung dienen kann, müsst ihr nun in einem zweiten Schritt herausfinden, was genau das Unbewusste so toll findet an diesem Bild. Dazu verwenden wir im ZRM die Ideenkorb-Technik. Mit dieser Technik sammelt ihr die positiven Ideen anderer Menschen zu eurem Bild ein. Ihr stellt dafür einen imaginären Korb auf und bittet eure Kolleginnen und Kollegen um Ideenspenden. Erwünscht sind dabei alle möglichen positiven Assoziationen zum Bild: Beobachtungen, Farben, Ideen, Fantasien, Gefühle.

Ihr werdet überrascht sein, wie viele neue und originelle Ideen da in den Korb geworfen werden. Ideen, auf die ihr vielleicht nie gekommen wärt, die euch aber sehr nützlich sein können. Wenn euer Ideenkorb gefüllt ist, wertet ihr allein diese Ideensammlung aus. Wie ihr das macht, erkläre ich euch später, jetzt geht es erst einmal darum, so viele Ideen wie möglich einzusammeln. Legt also euer Bild neben euren imaginären Ideenkorb und hört aufmerksam zu, was die anderen für positive Einfälle dazu haben. Bitte kommentiert die Ideen nicht, lasst die anderen Gehirne sprudeln, hört zu und achtet darauf, welche Vorschläge euch gut gefallen.

→ Liebe Leserinnen und Leser, Sie finden im Anschluss an Ihre Bildwahl auf der Seite www.zrm.ch im Online-Tool einen Ideenkorb für Ihr Bild durch Anklicken desselben. Sie können aber auch auf die oben beschriebene Art weitere Ideen zu Ihrem Bild bei Freunden, Bekannten oder Kollegen sammeln.

Ideenkorb für meine Bildwahl

- fokussiert
- Urinstinkte
- wacher Blick
- instinktsicher
- vertraut auf sein Wissen
- schützendes Fell
- das Ziel im Visier
- schnappt sich seine Beute
- klarer Blick
- findet sich im Rudel zurecht
- hört auf seine Bedürfnisse
- findet Geborgenheit im Wolfsbau
- Überlebenskünstler
- schlau
- robust
- freiheitsliebend
- Langstreckenläufer und guter Sprinter
- Wolfsinstinkt
- wandert große Strecken
- Beute aufspüren
- geht seinen Weg
- guter Orientierungssinn
- Einzelgänger
- schützt sein Revier
- Spur verfolgen
- nimmt sich, was er braucht
- treuer Begleiter und Beschützer
- guter Jäger
- auf leisen Pfoten
- gutes Gehör

Ideenkorb für meine Bildwahl

- sich aufschwingen
- die Thermik nutzen
- in die Lüfte hinauf
- Einzelgänger
- fliegen
- Alleinsein genießen
- Überblick haben
- Zufriedenheit
- sich die Beute schnappen
- naturverbunden
- königlich
- Adlerhorst
- frei
- stark
- selbstständig
- auf der Thermik gleiten
- König der Lüfte
- Leichtigkeit
- Über den Wolken
- Freiheit
- strahlendes Blau
- frische Luft atmen
- erhabenes Kreisen
- im Gleitflug
- fokussiertes Sehen (Adlerblick)

Ideenkorb für meine Bildwahl

- lichtdurchflutet
- frühlingsfrisches Grün
- die Bäume tragen Früchte
- gedeiht in grüner Gemeinschaft
- man kann den Himmel sehen
- altes Baumwissen
- starke Wurzeln
- Langsamkeit
- nach oben wachsen
- wächst in seinem Tempo
- Verästelungen
- Energie aus dem Boden
- präsentiert seine Früchte
- Symbiose
- Wachstum und Erneuerung
- fest verwurzelt
- Kreislauf des Lebens
- biegsam
- starker Stamm
- beweglich
- Waldgeruch
- helle Leichtigkeit
- süße Früchte
- Schattenspender
- warmes Licht
- nutzt seine Ressourcen
- Wind rauscht durch Blätter

Ideenkorb für meine Bildwahl

- ich gehe meinen Weg
- die Steine unter den Sohlen knirschen
- guten Mutes unterwegs sein
- Schritt für Schritt voran
- los gehts!
- im eigenen Tempo
- Kräuterduft am Wegesrand
- gut gerüstet
- wandern
- der Berg ruft!
- Bergpanorama
- Herausforderungen machen Spaß
- Aufbruch
- die eigene Kraft spüren
- im Vertrauen des eigenen Körpers
- Freude am Laufen
- frische Bergluft
- auf zum Gipfel
- Orientierung haben
- durch blühende Täler
- rhythmische Schritte
- mit festem Schritt
- über Berg und Tal
- neuen Zielen entgegen
- Bergführer
- unter freiem Himmel
- gut gerüstet

Auswerten des Ideenkorbs

Ihr habt jetzt alle einen reich gefüllten Ideenkorb vor euch stehen. Als Nächstes geht es um die Auswertung der ganzen Ideen und Einfälle. Vielleicht habt ihr schon beim Füllen des Korbs bemerkt, dass euch einige Vorschläge super gut gefielen, während andere so lala waren und wieder andere euch gar nichts sagten. Eure Aufgabe bei diesem Vorgang war ja, die Ideen der anderen unkommentiert zu lassen und einfach nur zuzuhören, damit die Ideenspender möglichst kreativ und frei assoziieren können. Selbstverständlich müsst ihr aber nicht alle Ideen übernehmen. Es ist euer Korb, und ihr nehmt euch nur das heraus, was euch besonders gut gefällt.

Im ZRM arbeiten wir bei dieser Auswahl mit der Affektbilanz, die ihr ja bereits kennengelernt habt. Bei diesem Arbeitsschritt gibt es jetzt allerdings zwei Bedingungen an die Auswahl eurer Lieblingsideen. Erstens, sie müssen eine Bilanz von 0 auf der negativen Skala aufweisen. Wenn ein Wort oder eine Idee nur den geringsten negativen Affekt mit sich führt, dann ist die Wahrscheinlichkeit groß, dass euer Unbewusstes da nicht mitmacht. Deshalb gilt: 0 auf der negativen Skala! Zweitens, auf der positiven Skala müssen mindestens +70 stehen, um stark motiviert über den Rubikon zu kommen. Wenn es noch mehr ist, umso besser.

Da auch hier das Unbewusste die Entscheidung treffen soll, genügen 200 Millisekunden pro Wort als Entscheidungszeit. Wenn ihr anfangt, über ein Wort nachzudenken, ob es euch nun gefällt oder nicht, dann ist es nicht geeignet als Lieblingsidee für die Weiterarbeit. Ob ihr aus dem gesamten Ideenkorb nur einen Begriff übernehmt oder alle, ist allein eure Sache. Solange sie der –0/+70 Regel entsprechen, sind sie erlaubt. Jetzt fangt bitte an, ihr habt drei Minuten Zeit.

«Was, bloß drei Minuten?!», beschwert sich Manuel. «In so kurzer Zeit kann ich keinen klaren Gedanken fassen!» Anke erklärt:

Nun ist das schnelle, parallel verarbeitende Unbewusste und nicht der langsam arbeitende Verstand gefragt. Die Zeit ist deshalb ganz bewusst knapp bemessen, so bleibt dir eben keine Zeit, lange über ein Wort nachzudenken. Einen Affekt habt ihr unmittelbar, der braucht keine Zeit.

Die drei Minuten sind um, bitte übertragt jetzt eure Lieblingsideen auf das folgende Arbeitsblatt. Ihr habt jetzt auch noch die Möglichkeit, eigene Ideen hinzuzufügen. Bei der Ideenkorb-Runde hattet ihr ja die Aufgabe, ruhig zu sein und zuzuhören. Es ist deshalb möglich, dass ihr selbst Ideen hattet, die aber nicht genannt wurden. Die könnt ihr auch auf dieses Arbeitsblatt notieren, wenn sie die Gefühlsbilanz –0/+70 aufweisen.

Meine Lieblingsideen aus dem Ideenkorb

Dies sind meine Lieblingsideen (aus dem Ideenkorb und eigene Ideen) zu meinem Bild, die eine Affektbilanz von –0 und mindestens +70 aufweisen:

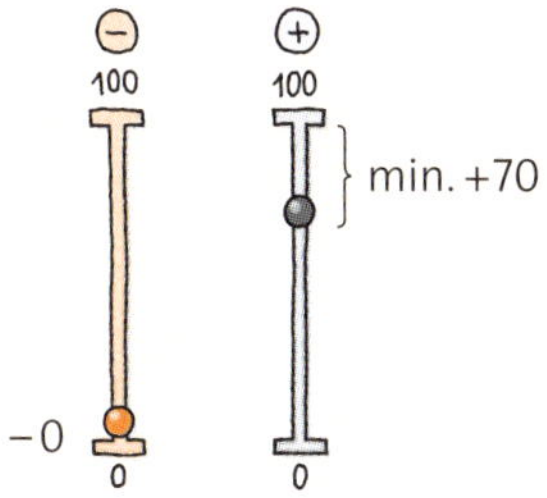

⊖ 100 0 –0

⊕ 100 0 min. +70

Arbeitsblatt

Meine Lieblingsideen aus dem Ideenkorb

Dies sind meine Lieblingsideen (aus dem Ideenkor
eigene Ideen) zu meinem Bild, die eine Affektbilanz von −0 und mindestens +70 aufweisen:

- geht seinen Weg
- guter Orientierungssinn
- Spur verfolgen
- treuer Begleiter und Beschützer
- gutes Gehör
- fokussiert
- wacher Blick
- vertraut auf sein Wissen
- das Ziel im Visier
- klarer Blick
- Wolfsinstinkt

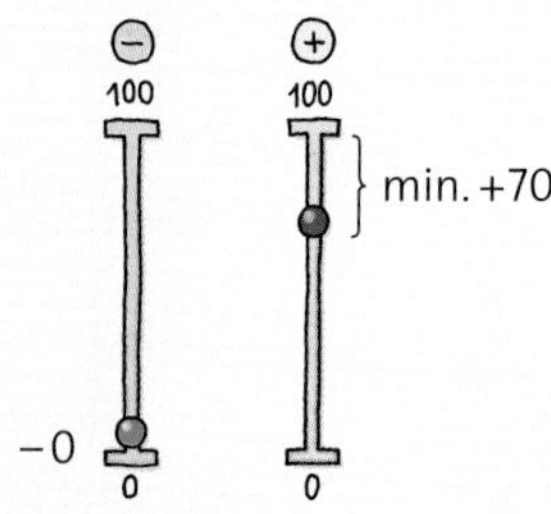

Meine Lieblingsidee
aus dem Ideenkorb

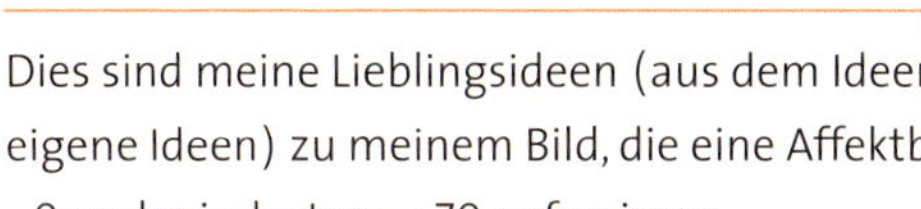

Dies sind meine Lieblingsideen (aus dem Ideen
eigene Ideen) zu meinem Bild, die eine Affektb
–0 und mindestens +70 aufweisen:

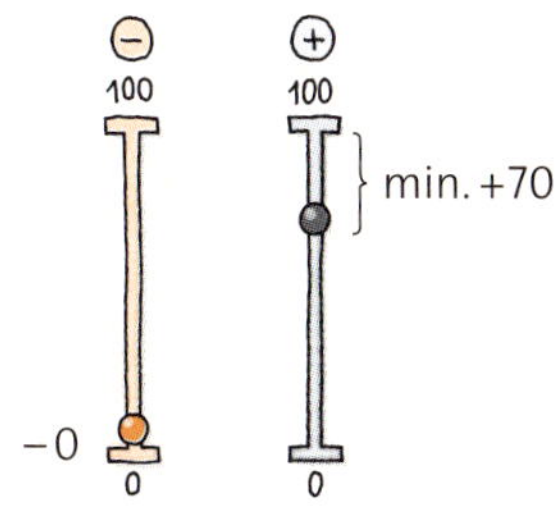

Arbeitsblatt

Meine Lieblingsideen aus dem Ideenkorb

Dies sind meine Lieblingsideen (aus dem Ideenkorb oder eigene Ideen) zu meinem Bild, die eine Affektbilanz von –0 und mindestens +70 aufweisen:

- die Bäume tragen Früchte
- gedeiht in grüner Gemeinschaft
- man kann den Himmel sehen
- altes Baumwissen
- starke Wurzeln
- Langsamkeit
- nach oben wachsen
- präsentiert seine Früchte
- Wachstum und Erneuerung
- süße Früchte
- nutzt seine Ressourcen

⊖ 100 ⊕ 100

min. +70

–0 0 0

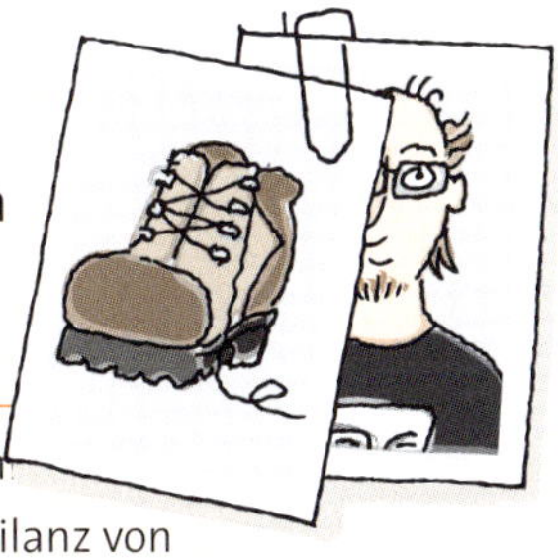

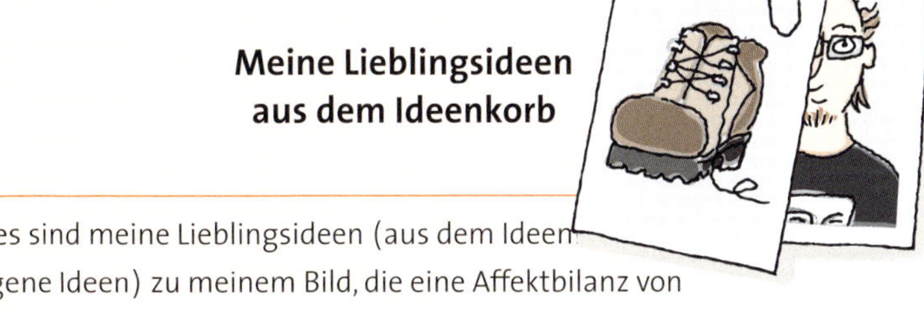

Meine Lieblingsideen aus dem Ideenkorb

Dies sind meine Lieblingsideen (aus dem Ideen eigene Ideen) zu meinem Bild, die eine Affektbilanz von −0 und mindestens +70 aufweisen:

- ich gehe meinen Weg
- Schritt für Schritt voran
- im eigenen Tempo
- neuen Zielen entgegen
- Aufbruch
- die eigene Kraft spüren
- Freude am Laufen
- auf zum Gipfel
- los gehts!

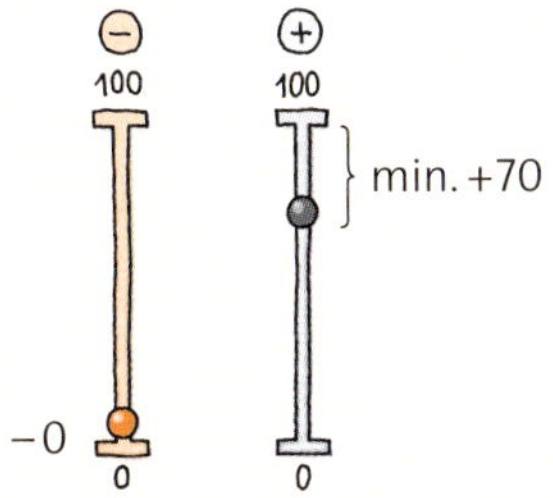

Die Absichtsformulierung

Mit den Lieblingsideen habt ihr jetzt schon einen ersten Hinweis darauf, was euer unbewusstes Positives zu eurem Lernbedarf beizusteuern hat. Aber ihr steht immer noch vor dem Rubikon. Der nächste Schritt ist die Synchronisierung von Verstand und Unbewusstem.

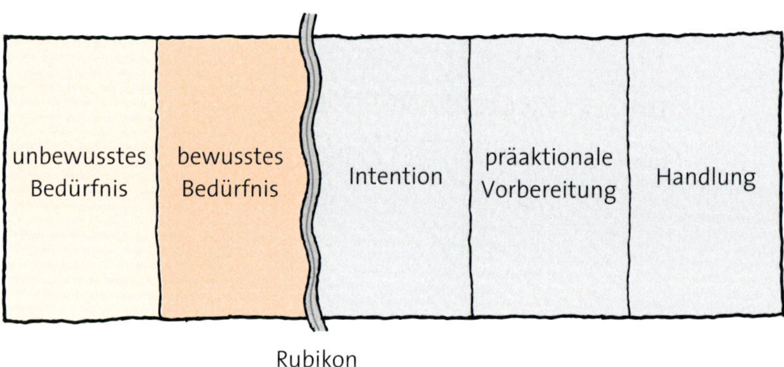

Dazu werdet ihr gleich einen Wunsch formulieren, welche Zweitreaktion ihr in Zukunft zusätzlich zur Verfügung haben wollt. Ich habe dazu auf dem nächsten Arbeitsblatt drei Satzanfänge vorgegeben, die ihr mit euren Lieblingsideen sinnvoll ergänzen sollt. Die vierte Variante könnt ihr dann nach eurem eigenen Gusto gestalten. Bringt in den Sätzen zum Ausdruck, wie ihr euch zukünftig vermehrt fühlen wollt. Ich formuliere euch zur Verdeutlichung zu jeder Variante ein Beispiel:

Beispiele Absichtsformulierungen

- Ich will mich fühlen wie ein Bär, der auch im größten Trubel ruhig und gelassen bleibt.
- Ich will handeln wie ein Gepard, der blitzschnell zuschlagen kann, wenn der Zeitpunkt gekommen ist.
- Ich will sein wie ein Lotus, der fest verwurzelt und gut geerdet der Sonne entgegenwächst.

Ihr könnt bei euren Sätzen nah am Bild bleiben, so wie ich eben, oder euch nur auf die Worte und Ideen konzentrieren. Wichtig ist, dass ihr möglichst bildhaft, bunt und fröhlich formuliert, denn das Unbewusste denkt in Bildern und liebt es barock, blumig und metaphorisch. Da jetzt der Verstand mitarbeiten muss, der ja bekanntlich gerne etwas mehr Zeit braucht, gebe ich euch für diese Aufgabe zehn Minuten Zeit, für mindestens zwei Varianten. Ist das o.k., Manuel?

Manuel lacht: «Das kommt mir sehr entgegen, schließlich bin ich ja ein Kopfmensch und habe mit der Verstandesarbeit viel Erfahrung.»

Meine Absichtsformulierung zu meiner erwünschten Zweitreaktion

---

1. Variante

Ich will mich fühlen wie ....

....

....

---

2. Variante

Ich will handeln wie ....

....

....

---

3. Variante

Ich will sein wie ....

....

....

Eigene Variante

....

....

....

Arbeitsblatt

Alle beginnen, über ihren Varianten zu brüten. Man kann eine Feder fallen hören, so konzentriert sind sie bei der Sache.

«Die zehn Minuten sind um», ruft Anke, «jetzt würde ich gerne von jeder und von jedem eine Variante hören.»

Thomas beginnt: «Ich habe gleich mit der vierten, der eigenen Variante angefangen: *Fokussiert und mit klarem Wolfsblick achte ich auf die Bedürfnisse meines Rudels, und es folgt mir auf sicherem Weg.*» Er grinst in die Runde: «Diese Absicht ist für mich so zutreffend, dass ich auf das Formulieren von weiteren Sätzen gleich verzichtet habe.»

Rita schüttelt den Kopf: «Unglaublich, der Thomas, ich hätte gerne alle vier Sätze ausformuliert, hatte dafür aber leider zu wenig Zeit. Jetzt habe ich halt bloß drei Varianten. Mein Problem ist ja, dass ich überall das Haar in der Suppe finde und nicht mehr aus dem Grübeln herauskomme. Ich glaube, deshalb hat mich der Adler, der über den Wolken schwebt und unter dem die Welt winzig erscheint, so angesprochen. Diesen Abstand zum Alltag wünsche ich mir. Einfach abheben und fliegen. Deshalb gefällt mir folgender Satz ganz besonders gut: *Ich will mich fühlen wie ein Adler, der frei über den Wolken gleitet und den Überblick hat.*»

«Ich habe vier ganz tolle Sätze kreiert», strahlt Mona, «das ist gar nicht so einfach, nur einen Satz vorzulesen. Gibt's da vielleicht eine Ausnahmeregelung für mich? Nun gut, nur einen: *Ich will sein wie ein alter Baum mit starken Wurzeln, der langsam und kraftvoll in den Himmel strebt und süße Früchte trägt.* Also, mein Satz klingt wirklich super schön, nur frage ich mich, wie das denn bitte gehen soll? Wie soll ich mich in meinem Beruf mit Baumgeschwindigkeit bewegen und nur einmal im Jahr Früchte bringen?! Da würde sich Thomas aber beschweren», lacht sie.

«Immer mit der Ruhe, Mona», sagt Anke, «das ist erst einmal die Absichtsformulierung, und über die Umsetzung haben wir ja noch gar nicht gesprochen, die kommt morgen dran.»

Manuel ist an der Reihe: «Ich habe, wie verlangt, zwei Sätze formuliert, wobei ich für einen dritten gar keine Zeit mehr gehabt hätte. Mein Lieblingssatz ist: *Ich will handeln! Los gehts!*»

Meine Absichtsformulierung zu meiner erwünschten Zweitreaktion

1. Variante

Ich will mich fühlen wie ....

....

....

2. Variante

Ich will handeln wie ....

....

....

3. Variante

Ich will sein wie ....

....

....

Eigene Variante

Fokussiert und mit klarem Wolfsblick
achte ich auf die Bedürfnisse meines Rudels,
und es folgt mir auf sicherem Weg.

Arbeitsblatt

Meine Absichtsformulierung zu meiner erwünschten Zweitreaktio

1. Variante

Ich will mich fühlen wie ein Adler, der frei über den Wolken gleitet und den Überblick hat.

2. Variante

Ich will handeln wie

3. Variante

Ich will sein wie ein Adler, der sich aufschwingt und über den Wolken kreist.

Eigene Variante

Leicht wie ein Adler, fliege ich frei und atme frische Luft.

Arbeitsblatt

Meine Absichtsformulierung zu meiner erwünschten Zweitreaktio

1. Variante

Ich will mich fühlen wie ein Baum in grüner Gemeinschaft und meine Früchte präsentieren.

2. Variante

Ich will handeln wie ein Baum, der seine Ressourcen nutzt und in den Himmel wächst.

3. Variante

Ich will sein wie ein alter Baum mit starken Wurzeln, der langsam und kraftvoll in den Himmel strebt und süße Früchte trägt.

Eigene Variante

Mit meinem alten Baumwissen und meinen starken Wurzeln wachse ich nach oben.

Arbeitsblatt

Meine Absichtsformulierung zu meiner erwünschten Zweitreaktion

1. Variante

Ich will mich fühlen wie ein Wanderer, der seinen Zielen entgegengeht und die eigene Kraft spürt.

2. Variante

Ich will handeln wie ....

3. Variante

Ich will sein wie ....

Eigene Variante

Ich will handeln! Los gehts!

Arbeitsblatt

Motto-Ziele

Nach dieser Übung sitzen jetzt Unbewusstes und Verstand gemeinsam im Boot und sind bereit, den Rubikon zu überqueren. Und wenn ich euch so ansehe, dann rudern einige schon kräftig Richtung anderes Ufer. Der nächste Schritt, die Motto-Ziel–Bildung, wird euch noch einmal erheblich beschleunigen auf eurer Überfahrt. Die Motto-Ziele sind ein ganz spezieller Zieltyp und auf der Haltungsebene angesiedelt. Sie beschreiben also die innere Einstellung, mit der ihr euer Vorhaben angeht.

Man kann Ziele auch auf der Verhaltensebene formulieren. Ein Beispiel für diesen Zieltyp sind die sogenannten S.M.A.R.T.-Ziele, vielleicht kennen einige von euch diesen Begriff. S.M.A.R.T. ist eine Abkürzung für: Spezifisch, Messbar, Attraktiv, Realistisch, Terminiert.

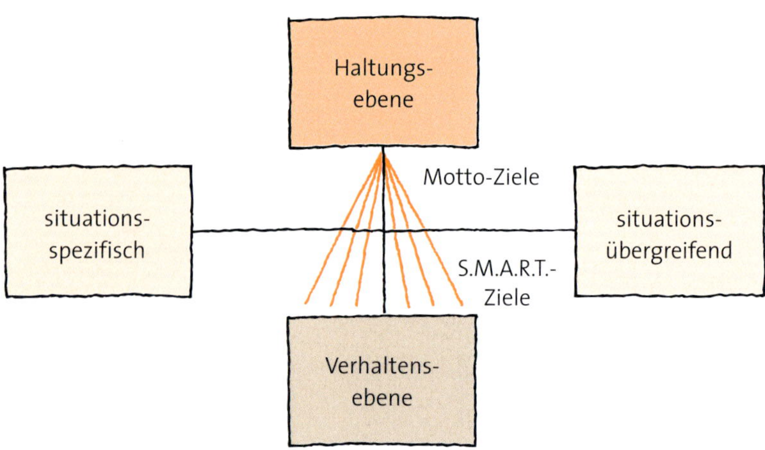

Ziele auf der Verhaltensebene sind konkret formulierte Absichten, mit denen wir unser Leben genau planen können. Wenn ich mir vornehme, künftig mehr Sport zu treiben, dann plane ich vielleicht, jeden zweiten Abend joggen zu gehen oder jeden Morgen nach dem Aufstehen 30 Minuten Gymnastik zu machen. Wenn ich abnehmen will, nehme ich mir für die Verhaltensebene unter Umständen vor, nach 16 Uhr nichts mehr zu essen oder auf Schokolade zu verzichten. Ich kann mir mit einem Ziel auf der Verhaltensebene auch vornehmen, in der nächsten Betriebsversammlung laut und deutlich meine Meinung zu sagen oder morgen Mittag den attraktiven Kellner nach seiner Telefonnummer zu fragen. All diesen Vorhaben ist gemeinsam, dass sie eine konkrete Situation und ein konkretes Verhalten zu einer festgelegten Zeit beschreiben. So viel Genauigkeit ist zwar einerseits gut, da ich präzise weiß, was ich wo und wann machen muss, um mein Ziel zu erreichen. Die Genauigkeit hat aber den Nachteil, dass sie mich unflexibel macht. Denn wenn meinem Ziel irgendetwas in die Quere kommt und ich mein konkretes Verhalten nicht zu dem geplanten Zeitpunkt oder an dem bestimmten Ort ausführen kann, dann muss ich ein neues Verhaltensziel bilden. Ich muss unter Umständen einen neuen Zeitpunkt festlegen, einen neuen Ort bestimmen und neue Umgebungsbedingungen einplanen.

Wenn ich aber etwas an meiner Lebenseinstellung und meiner Haltung ändern will, brauche ich viel Flexibilität und folglich situationsübergreifende Ziele. Ich weiß ja selten schon im Voraus, wann genau ich meine neue Haltung brauche und wie die Umweltbedingungen zu dieser Zeit sein werden. Wenn ich mir vornehme, künftig mehr Bewegung in mein Leben zu bringen, und das Motto-Ziel «Ich lebe meine Gepardenkraft» formuliere, dann kann ich bei schönem Wetter spontan entscheiden, zu joggen, und bei schlechtem Wetter gehe ich eben ins Fitnessstudio zum Training. Ich kann aber auch morgens, je nach Lust und Laune, das Auto stehen lassen und ins Geschäft radeln oder abends, zum Abschalten, ein paar Meter zu Fuß gehen und erst eine Station später in den Bus einsteigen. Dafür brauche ich keine sechs verschiedenen Pläne, sondern entscheide je nach Umweltbedingung und persönlicher Verfassung, spontan und aus dem Bauch heraus.

Motto-Ziele werden auf der Haltungsebene formuliert und bringen zum Ausdruck, welche innere Verfassung und Einstellung ich gerne haben möchte. Das konkrete Verhalten, das sich dann aus dieser Haltung heraus ergibt, bestimme ich in der jeweiligen Situation spontan. Das liegt daran, dass Motto-Ziele durch das große Erfahrungsnetzwerk des Selbst verarbeitet werden: Welche Handlung unter den jeweils angetroffenen Bedingungen zum Motto-Ziel am besten passt, weiß man dann buchstäblich von «selbst». Diese Arbeit mit Motto-Zielen auf der Haltungsebene ist eine Innovation des Zürcher Ressourcen Modells und dürfte darum den meisten von euch noch nicht bekannt sein. Damit ihr einen Eindruck von Motto-Zielen bekommt, habe ich hier einige auf das Flipchart aufgeschrieben.

Beispiele für Motto-Ziele

- Himbeerlächelnd gehe ich durchs Leben.
- Der Duft belohnt mein Abenteuer.
- Irland ruft.
- Ich bin der Kapitän.
- Ich nehme mir meine lila Zeit.
- Mit Bärenkraft zum Ziel.
- Ich pflege meinen Garten und ernte süße Früchte.
- Ich tauche ab und berge meine Schätze.
- Ich miste aus und fange fette Lachse.
- Fest verwurzelt vertraue ich auf mein Wissen.

Allen Motto-Zielen ist eine metaphorische und blumige Sprache gemeinsam. Ihr erinnert euch bestimmt daran, dass das Unbewusste in Bildern denkt. Das ist der Grund, warum Motto-Ziele so bildhaft formuliert werden, denn das Unbewusste soll ja mit ins Boot, um über den Rubikon zu kommen. Für diese Aufgabe gibt es wieder einen Ideenkorb als kleine Starthilfe von euren Kolleginnen und Kollegen, die euch als Ideenspender zur Verfügung stehen. Dieser Ideenkorb ist eine ganz besondere Form von «Scrabble». Zur Verfügung stehen euch das Bild, die Lieblingsideen und eure Absichtsformulierungen. Mit diesen drei Komponenten kreiert ihr auf spielerische Art zehn Variationen von möglichen Motto-Zielen. Es ist alles erlaubt, solange die Ideen und Vorschläge positiv sind. Die Auswertung dieses Ideenkorbs erfolgt später wieder in Einzelarbeit, jetzt geht es zuerst einmal darum, den Korb reich zu füllen. Dabei sollt ihr folgende drei Kennzeichen berücksichtigen:

Drei Kennzeichen für Motto-Ziele

- Kennzeichen 1
  Ein Motto-Ziel beschreibt eine Haltung
- Kennzeichen 2
  Ein Motto-Ziel ist im Präsens formuliert
- Kennzeichen 3
  Ein Motto-Ziel benutzt eine bildhafte Sprache

→ Liebe Leserinnen und Leser, wir empfehlen Ihnen, sich für diesen Arbeitsschritt zwei oder drei kreative «Fremdgehirne» zu suchen, die Ihnen einige schöne Variationen zu Ihren Motto-Ziel-Formulierungen in den Korb werfen.

Ideenkorb für mein Motto-Ziel

Arbeitsblatt

Ideenkorb für mein Motto-Ziel

Mit Wolfsinstinkt achte ich auf die Bedürfnisse meines Rudels.

Mit klarem Blick und gutem Riecher folge ich meiner Spur.

Meinem Instinkt und meinem guten Gehör entgeht kein Detail.

Wolfsklar und konzentriert habe ich mein Rudel im Griff.

Ich sorge stets für mein Rudel und achte auf seine Bedürfnisse.

Mit scharfem Wolfsblick achte ich auf mein Rudel und bin sprungbereit.

Ich verteidige mein Revier.

Ich bin aufmerksam und fokussiert und bin meinem Rudel ein treuer Begleiter und Beschützer.

Mein Revier, mein Rudel und ich.

Mit wachem Blick habe ich das Ziel im Visier, und mein Rudel folgt mir auf sicherem Weg.

Arbeitsblatt

Ideenkorb für mein Motto-Ziel

Ich gleite über den Wolken und fühle mich frei.

Ich hebe ab, schwinge mich auf und genieße die Leichtigkeit.

Ich kreise erhaben und fühle die Freiheit.

Ich spüre den Wind zwischen meinen Flügeln.

Ich lasse mich treiben im Wind und bin eins mit mir.

Über den Wolken bewahre ich Distanz und bin zufrieden.

Ich gleite durch die Lüfte und habe den Überblick.

Ich lasse mich von der Thermik tragen und spüre die Leichtigkeit.

In großer Höhe atme ich frische Luft.

Ich bin die Königin der Lüfte und ziehe meine Kreise.

Arbeitsblatt

Ideenkorb für mein Motto-Ziel

Mit starker Wurzel strebe ich in den Himmel
und trage süße Früchte.

Ich gedeihe in grüner Gemeinschaft
und wachse in den Himmel.

Langsam, aber sicher wachse ich nach oben.

Ich erneuere mich und sehe den Himmel.

Fest verwurzelt vertraue ich auf mein altes
Baumwissen und werde groß und stark.

Ich wachse langsam, aber unaufhaltsam
und erfreue mich dann meiner süßen Früchte.

Bedächtig wie ein Baum nutze ich alle Ressourcen
und wachse dem Himmel entgegen.

In allen Jahreszeiten ziehe ich Energie aus
meinen Wurzeln und gedeihe.

Je nach Jahreszeit trage ich Früchte
und habe Blätter.

Stolz präsentiere ich Jahr für Jahr
meine süßen Früchte.

Ideenkorb für mein Motto-Ziel

Schritt für Schritt gehe ich meinen Weg.

Ich breche auf und gehe neuen Zielen entgegen.

Mit Freude breche ich auf und spüre die eigene Kraft.

Meine Kraft bringt mich auf die höchsten Gipfel.

Ich bin der Gipfelstürmer.

Ich nehme jeden Gipfel mit Freude und Kraft.

Im eigenen Tempo komme ich auf jeden Gipfel.

Schritt für Schritt auf zu neuen Gipfeln.

Meine Wanderschuhe tragen mich zu neuen Zielen. Los gehts!

Ich breche auf, gehe meinen Weg und werde zum Gipfelstürmer.

Arbeitsblatt

Nachdem jeder zehn Varianten für sein Motto-Ziel erhalten hat, fährt Anke fort:

Nun geht es darum, dass ihr euren eben erhaltenen Ideenkorb auswertet. Denkt dran, dass ihr mithilfe der Affektbilanz jeweils überprüfen könnt, welche Ideen oder Formulierungen euch am besten gefallen. Ihr könnt ganze Sätze übernehmen, Ideen kombinieren und selbstverständlich auch eigene neue Ideen einbauen. Eure Aufgabe ist es, auf das folgende Arbeitsblatt eine erste Fassung eures Motto-Ziels zu schreiben, mit der wir danach weiterarbeiten werden.

Mein Motto-Ziel in der ersten Fassung

Arbeitsblatt

Mein Motto-Ziel in der ersten Fassung

Mit klarem Blick und gutem Riecher achte ich auf die Bedürfnisse meines Rudels und es folgt mir auf sicherem Weg.

Ich hebe ab in große Höhen, genieße den Überblick und bin eins mit mir.

Fest verwurzelt wachse ich unaufhaltsam und erfreue mich dann meiner süßen Früchte.

Ich bin der Gipfelstürmer.

Für ein Motto-Ziel braucht es zusätzlich zu den eben genannten Kennzeichen noch drei weitere sogenannte Kernkriterien. Erst wenn auch diese erfüllt sind, ist euer Motto-Ziel stark und motivierend genug, um euch über den Rubikon zu tragen.

Kernkriterien für das Motto-Ziel

Das Motto-Ziel muss ...

1. als Annäherungsziel formuliert sein
2. zu 100% unter eigener Kontrolle sein
3. eine Affektbilanz von -0 und mindestens +70 aufweisen

Erstens muss das Motto-Ziel als Annäherungsziel formuliert werden. Als Annäherungsziel bezeichnen wir ein Ziel, das das gewünschte Verhalten zum Ausdruck bringt. Will ich ruhiger und gelassener werden, dann kann mein Ziel «Ruhig und gelassen begegne ich der Welt» heißen. Damit bringe ich klar zum Ausdruck, was ich erreichen will. Das Gegenteil von einem Annäherungsziel ist ein Vermeidungsziel. Hier formuliere ich, was ich unterlassen will. Dieselbe Absicht, ruhiger und gelassener zu werden, kann dann «Ich lasse mich nicht mehr hetzen» lauten. Unser Unbewusstes braucht aber unbedingt eine Annäherungsformulierung, denn wie ihr euch erinnert, denkt das Unbewusste in Bildern. Für eine Verneinung gibt es aber kein Bild. Sobald ihr also ein Vermeidungsziel formuliert, bekommt ihr von eurem Unbewussten ein Bild von der Situation, die ihr eigentlich nicht mehr haben wollt. Klingt kompliziert? Ich gebe euch ein Beispiel: Denkt jetzt bitte *nicht* an einen Elefanten!

Das gelingt nicht, stimmts? Zumindest für einen ganz kurzen Moment ist der Elefant aufgetaucht. Deshalb müsst ihr euer Motto-Ziel so formulieren, dass darin enthalten ist, was ihr erreichen wollt.

Nun gibt es noch eine heimtückische Variante von Vermeidungszielen. Vermeidungen können auch in einzelnen Worten stecken, die erst mal ganz harmlos daherkommen. Alle Worte, die mit *un-* beginnen, wie z. B. ungehemmt, ungebremst oder unerschrocken, oder Worte, die mit *-frei* und *-los* enden, wie z. B. schwerelos, mühelos und sorgenfrei, sind solche Kandidaten. Denn der Teufel steckt im Detail, und in diesen Worten stecken Schwere, Mühe und Sorge. Wenn ihr so ein Wort bei euch entdeckt, dann sucht bitte nach einem Ersatz. Dazu könnt ihr euch einen Ideenkorb einholen, wenn ihr gerade jemanden in der Nähe habt, oder ihr schaut im Internet, z. B. im Synonymwörterbuch.

Mona meldet sich an dieser Stelle und weist auf ihre Formulierung «Unaufhaltsam wachse ich» hin. Sie erhält einen Ideenkorb für Alternativen von der Gruppe.

Vermeidungsformulierung

~~Unaufhaltsam~~

Stück für Stück, beständig, voranstrebend, dauerhaft, weiter und weiter, stetig, immer wieder, dran bleibend, frei, vorwärtsstrebend, jederzeit, ausdauernd

«Das ist prima, vielen Dank. Mein neues Motto-Ziel lautet ab sofort: *Fest verwurzelt wachse ich stetig und erfreue mich dann meiner süßen Früchte*», beschließt Mona.

Fest verwurzelt
wachse ich stetig und
erfreue mich dann
meiner süßen Früchte

Zweitens muss das Motto-Ziel vollständig unter eigener Kontrolle sein. Das beste Vorhaben und die schönste Absicht sind nichts wert, wenn zu ihrer Umsetzung oder Erfüllung andere Personen oder ganz bestimmte Umgebungsbedingungen nötig sind. Denn dann seid ihr von äußeren Faktoren abhängig und könnt euer Ziel nur begrenzt oder gar nicht umsetzen. Deshalb ist es wichtig, dass nur ihr allein für den Umsetzungserfolg verantwortlich seid. Thomas, dein Motto-Ziel ist ein gutes Beispiel für dieses Kriterium: *Mit klarem Blick und gutem Riecher achte ich auf die Bedürfnisse meines Rudels, und es folgt mir auf sicherem Weg*. Bist du dir wirklich sicher, dass dir dein Rudel immer folgt?

«So ganz sicher bin ich mir da nicht.»

Anke wendet sich wieder der Gruppe zu: «Wie könnte man das Motto-Ziel von Thomas noch formulieren, damit seine Absicht vollständig bewahrt bleibt, sie aber gleichzeitig zu hundert Prozent unter seiner Kontrolle ist?»

«Ganz einfach», sagt Rita, «lass doch den letzten Teil weg. Denn wenn du gut auf die Bedürfnisse deines Rudels achtest, wird es dir wahrscheinlich von allein folgen.»

«Super, Rita, das ist eine elegante Lösung», sagt Anke. «Wie gefällt dir das, Thomas?»

«Das ist eine tolle Idee, Rita. *Ich achte auf die Bedürfnisse meines Rudels* – und der Rest kommt von ganz allein.»

Ich achte auf
die Bedürfnisse
meines Rudels

Drittens muss das Motto-Ziel eine Gefühlsbilanz von –0 und mindestens +70 aufweisen. Der Grund für dieses Kriterium ist der gleiche wie schon beim Ideenkorb. Wenn das Unbewusste ein Minus auf der Affektbilanz anzeigt, ist der Gang über den Rubikon gefährdet. Deshalb unbedingt eine 0 auf der Minus-Skala. Ganz anders ist es auf der Positiv-Skala. Dort ist +70 das Minimum für eine starke Motivation. Es gilt: Je mehr, desto besser. Hier überprüft ihr bitte mithilfe der Affektbilanz noch einmal euer Motto-Ziel.

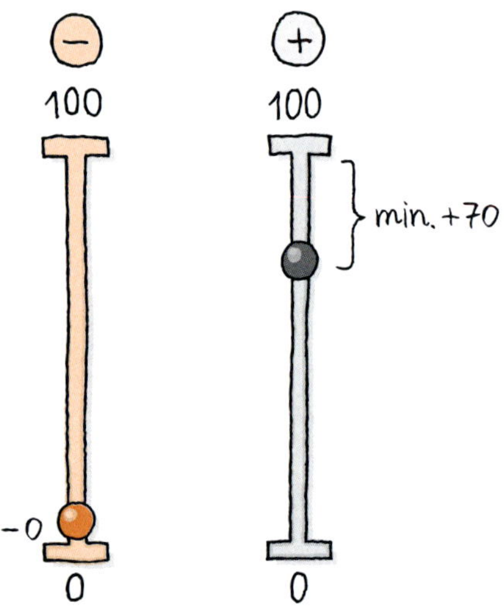

«Na, dann bin ich jetzt an der Reihe», meldet sich Manuel, «mein Motto-Ziel lautet: *Ich bin der Gipfelstürmer.* Das fällt aber bei der Affektbilanz durch! Das war mir vorher gar nicht bewusst. Dieser Gipfelstürmer ist ja toll, aber irgendwie ist mir der zu anstrengend. Der fühlt sich leider nicht einfach nur gut an. Meine Affektbilanz ist bei –20 und +70. Da war ich wohl zu euphorisch.»

Manuel lacht und fügt an: «Aber bei diesen zehn Motto-Ziel-Ideen gabs noch einen Satz, der mir super gut gefallen hat.» Manuel blättert in seinen Unterlagen: «Ah, hier: *Schritt für Schritt gehe ich meinen Weg. Los gehts!*» Er schaut zu Anke: «Nur dieses *Schritt für Schritt* passt mir noch nicht so ganz, das ist so getaktet und nicht so ganz meins.»

Anke bittet daraufhin die ganze Gruppe, für Manuel einen Ideenkorb zu geben:

«Das ist großartig», freut sich Manuel, «ich danke euch. Jetzt habe ich eine gute Auswahl.»

Anke blickt in die Runde: «Bei allen anderen sind die Kernkriterien erfüllt? Oder möchte noch jemand von der Möglichkeit des Riesenideenkorbs in der Gruppe profitieren? Prima, dann sind ja alle zufrieden, und wir haben diesen Schritt abgeschlossen.»

In meinem Rhythmus
gehe ich meinen Weg.
Los gehts!

→ Liebe Leserinnen und Leser, und nun sind Sie an der Reihe, Ihr Motto-Ziel auf die drei Kernkriterien hin zu überprüfen und, falls nötig, eine überarbeitete Fassung aufzuschreiben.

Überprüfung der drei Kernkriterien und überarbeitetes Motto-Ziel

Erste Fassung meines Motto-Ziels:

....

....

....

....

....

Das Motto-Ziel muss:

1. als Annäherungsziel formuliert sein
2. vollständig innerhalb der eigenen Kontrolle sein
3. eine Affektbilanz von –0 und mindestens +70 aufweisen

Überarbeitete Fassung meines Motto-Ziels:

....

....

....

....

....

Arbeitsblatt

Ich hebe ab in große Höhen,
genieße den Überblick und
bin eins mit mir

«Meine Kernkriterien stimmen, aber ich habe doch noch eine Frage», meldet sich Rita zu Wort. «Mein Motto-Ziel lautet: *Ich hebe ab in große Höhen, genieße den Überblick und bin eins mit mir*», Rita errötet und wischt sich eine Träne aus dem Augenwinkel. «Das ist so schön, da muss ich direkt anfangen zu weinen. Aber ich frage mich, wie ich das in meinem Alltag umsetzen soll.» Anke lächelt: «Das ist eine sehr gute und berechtigte Frage, Rita. Damit gibst du mir das Stichwort für das Arbeitsblatt: Haltung erzeugt Verhalten.»

Erinnert ihr euch noch an das Flipchart mit den Zieltypen? Da hatten wir davon gesprochen, dass eine einzige Haltung viele verschiedene Verhalten hervorbringen kann. Wir werden im Verlauf des Rubikon-Prozesses noch darauf zu sprechen kommen, welche konkreten Maßnahmen man ergreifen kann, um zielrealisierend zu handeln. Das betrifft das Feld «präaktionale Vorbereitung». Mit eurem Motto-Ziel seid ihr jetzt gerade über den Rubikon gekommen und befindet euch im Feld «Intention». Die Überquerung des Rubikons wurde durch euer Motto-Ziel ermöglicht. Ihr könnt auf jeden Fall, allein aufgrund der neuen Haltung, die im Motto-Ziel steckt, neues Verhalten erzeugen. Bereits jetzt schon, ohne größere Vorbereitung. Eine neue Haltung ist ein sehr kraftvolles Instrument für das Selbstmanagement. Ich habe hier ein Arbeitsblatt für euch, das dabei helfen soll, den Zusammenhang zwischen eurem Lernbedarf, der mit dem Motto-Ziel verbundenen neuen Haltung und dem daraus resultierenden Verhalten klarzumachen.

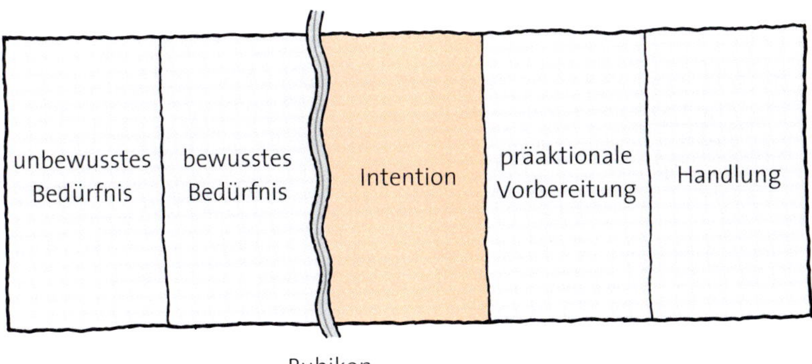

«Rita, dann lass uns doch mal schauen, wie das bei dir aussieht.» Rita zeigt ihre konkreten Verhaltensziele:

Haltung erzeugt Verhalten

Mein Lernbedarf:

Selbstberuhigung

Mein Motto-Ziel:

Ich hebe ab in große Höhen, genieße den Überblick und bin eins mit mir

Welches neue Verhalten wird sich aus meiner Haltung ergeben?

1. Mich beim Golf nach einem verschlagenen Ball nicht mehr so lange ärgern.

2. Im Urlaub meinen Perfektionismus runterschrauben und die Urlaubstage genießen.

3. Mich am Arbeitsplatz nicht mehr für die Fehler der anderen verantwortlich fühlen.

«Oh Mann, jetzt wirds wohl ernst», stöhnt Thomas und kratzt sich am Kopf. «Versteh ich das richtig, ich soll mir jetzt drei scheußliche Aufgaben ausdenken, die ich bisher vermieden habe und bei denen mir meine neue Wolfshaltung jetzt helfen soll? Da muss ich dich jetzt aber enttäuschen, liebe Anke, so etwas gibt es nicht bei mir.»

«Ach, da kann ich dich beruhigen», schmunzelt Anke, «bei Menschen mit deinem Lernbedarf passiert das öfter, dass ihnen nichts einfällt, das verändert werden sollte. Leute wie Rita schütteln mühelos eine Liste mit 20 Punkten aus dem Ärmel, während Menschen wie du meistens eine kleine Starthilfe brauchen. Ahnt jemand von euch schon, was wir im ZRM in so einem Fall als Unterstützung anbieten?»

«Einen Ideenkorb», rufen alle wie aus einem Mund.

«Richtig», sagt Anke. Schon nach fünf Minuten hat Thomas einige Ideen zur Auswahl:

Ideenkorb für neues Verhalten

1. Sich um die eigene Gesundheit kümmern.
2. Sich besser um die Erziehung seiner Kinder kümmern.
3. Klagen der Mitarbeiter über besonders anstrengende Kunden ernst nehmen.
4. Regelmäßige Teamsitzungen einführen, in denen über mögliche problematische Entwicklungen der Firma in der Zukunft gesprochen wird.
5. Sich gut überlegen, ob sich niemand in der Familie vernachlässigt fühlt.
6. Sich selbstkritisch die eigene Work-Life-Balance anschauen.

«So, Thomas, meinst du, du findest hier etwas, bei dem es sinnvoll ist, wachsam wie ein Wolf zu sein?», fragt Anke.

«Ich seh schon, du lässt nicht locker», witzelt Thomas, «aber du hast recht, Anke, alle diese Punkte sind Baustellen für mich.»

«Du musst aber nicht gleich alle Baustellen sofort in Angriff nehmen, denn für das Arbeitsblatt brauchen wir ja nur drei. Vielleicht suchst du dir für den Anfang nicht gleich die schwierigsten raus», erklärt Anke.

«Also, dann werde ich mich nächste Woche zum Führungskräfte-Check-up anmelden, ich werde zeitnah ein Testmeeting mit meinen Mitarbeitern abhalten, um zu sehen, ob das was bringt, und ich werde mich mit einzelnen Familienmitgliedern, die ich hier nicht namentlich nennen will, über das Thema Vernachlässigung unterhalten. Dann tut der Wolf was für sich selbst und was fürs Rudel, das ist es doch, was du willst, nicht wahr?»

«Das hast du völlig richtig erfasst», lobt ihn Anke.

→ Liebe Leserinnen und Leser, diesen Arbeitsschritt können Sie auf dem Arbeitsblatt selbst nacharbeiten.

Haltung erzeugt Verhalten

Mein Lernbedarf:

....

Mein Motto-Ziel:

....

....

....

Welches neue Verhalten wird sich aus meiner Haltung ergeben?

1. ....

   ....

   ....

2. ....

   ....

   ....

3. ....

   ....

   ....

Arbeitsblatt

Priming

Nachdem ihr jetzt alle mit eurem Motto-Ziel eine neue Haltung entwickelt habt, kommen wir zu Ritas Frage: Wie setze ich das im Alltag um? Wir gehen hierbei in zwei Schritten vor. Zuerst kümmern wir uns darum, dass ihr diese neue Haltung so gut lernt, dass euer erwünschtes Verhalten auch immer ausgelöst wird, wenn ihr es braucht. In einem zweiten Schritt kümmern wir uns dann um ganz konkrete Situationen in eurem Alltag.

Zunächst aber Schritt eins: Wie erlerne ich mein Motto-Ziel möglichst schnell und zuverlässig? Dazu müssen wir uns das Gehirn einmal genauer ansehen. Lernen funktioniert ganz ähnlich wie Muskeltraining im Fitnessstudio. Im Muskel gibt es Muskelfasern, die bei regelmäßigem Training zu starken Fasern und somit zur Stärkung des Muskels führen. Im Gehirn gibt es Nervenfasern, deren Enden, sogenannte Synapsen, sich mit anderen Nerven verbinden können. So können sich mehrere Nervenfasern zu neuen Netzen zusammenschließen. Je häufiger ihr ein neues neuronales Netz benutzt, umso stärker wird es, und umso sicherer steht es euch dann bei Bedarf zur Verfügung. Dabei ist es dem Gehirn ganz egal, ob ihr Fahrrad fahren, Geige spielen oder eine neue Fremdsprache lernt. Das Prinzip ist immer das gleiche: Je häufiger das neuronale Netz benutzt wird, desto stärker und zuverlässiger wird es. Das braucht allerdings seine Zeit. Wenn ihr heute beschließt, Französisch zu lernen, und morgen eure erste Französischstunde habt, dann ist euch klar, dass es einige Zeit braucht, bis ihr mit einem Franzosen plaudern könnt. Wenn man aber etwas an seinem Verhalten oder seiner inneren Haltung zu einer Sache ändern will, sind die meisten Menschen viel ungeduldiger: Man hat das ja jetzt beschlossen, folglich soll das morgen schon gelingen. Aber auch hier muss das Gehirn das neue Verhalten erst einmal lernen. Das neue

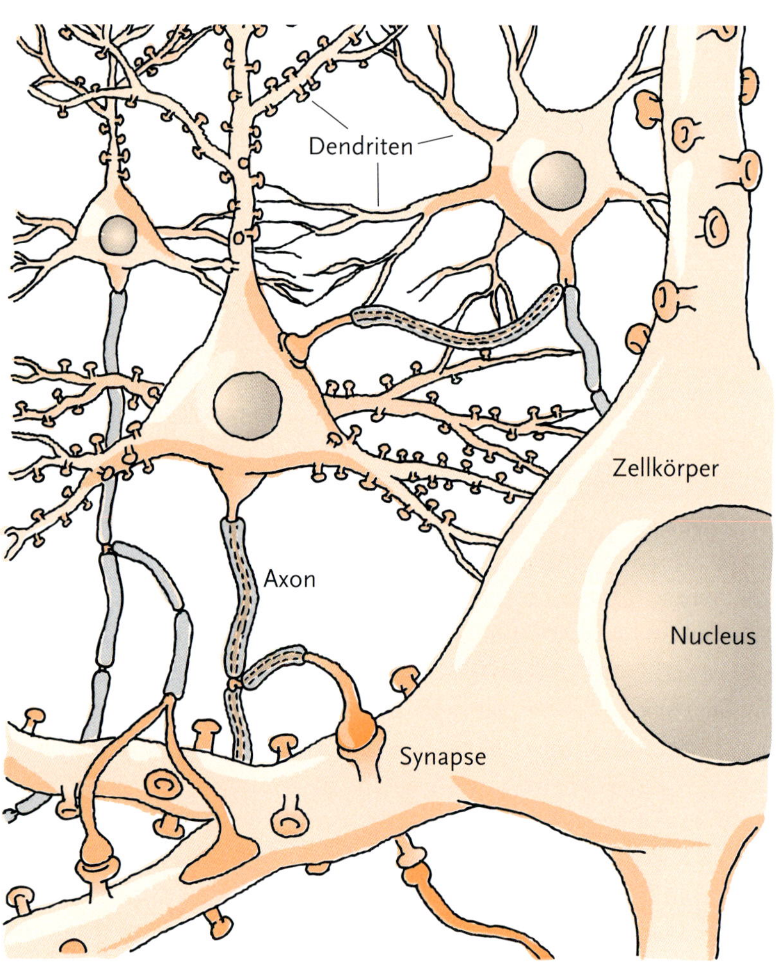

neuronale Netz muss zuerst wachsen, um gut zu funktionieren. Ihr habt mit eurem Motto-Ziel bereits ein neues neuronales Netz angelegt, aber noch ist es klein und schwach.

Um ein neuronales Netz zu stärken, gibt es mehrere Möglichkeiten. Ihr könnt üben, üben, üben und z. B. bewusst euer Bild betrachten oder euer Motto-Ziel aufsagen, ganz so, wie ihr es beim Vokabelnlernen tun würdet. Das wäre eine Möglichkeit. Wir wissen aber aus Erfahrung, dass es mit dem bewussten Lernen bei vielen Menschen nicht immer reibungslos klappt, da wir im Alltag meist keine Zeit haben. Deshalb habe ich für euch noch eine weitere Variante dabei, die wesentlich eleganter und bequemer ist. Im ZRM arbeiten wir mit unbewusstem Lernen, dem Priming. Primen heißt, unbemerkt einen Reiz darbieten, der im Gehirn bereits vorhandene Gedächtnisinhalte aktiviert. Wenn wir gezielt erwünschte Gedächtnisinhalte aktivieren, dann bahnen wir bereits vorhandene Netzwerke, so lernen wir. Eine Vielzahl von Studien belegt, dass das unbewusste Aktivieren von Gedächtnisinhalten prima funktioniert. Hier zwei Beispiele:

Bei einem Experiment wollten Wissenschaftler (Adam u. Galinsky, 2012) beweisen, dass das Tragen bestimmter Kleidungsstücke Auswirkung auf unsere Haltung und unser Verhalten hat. Dazu wurde den Versuchspersonen erklärt, dass amerikanische Behörden überlegten, bestimmte Berufsgruppen zwingend mit Berufskleidung auszustatten, und nun solle überprüft werden, welche Meinung die Bevölkerung zu diesen Kleidungsstücken habe. Bei dem Kleidungsstück handelte es sich um einen weißen Kittel, der für die eine Versuchsgruppe als Arztkittel beschrieben wurde und für die andere Gruppe als Künstlerkittel. Der Kittel musste in beiden Gruppen angezogen und während des Versuchs getragen werden. Bevor es zum eigentlichen Versuch kam, der die Aufmerksamkeit der Versuchspersonen testen sollte, wurden die Teilnehmenden gebeten, einige Fragen über das Kleidungsstück zu beantworten, z.B. über das Aussehen oder seine Bedeutung. Danach sollten sie auf einem Computerbildschirm Fehler auf zwei nebeneinander dargestellten Bildern suchen. Die Bilder waren identisch, bis auf jeweils vier kleine Unterschiede. Insgesamt gab es vier Durchgänge, und gemessen wurde die Anzahl der Fehler, die von den Versuchspersonen entdeckt wurde. Die Teilnehmenden, die dachten, sie trügen einen Arztkittel, fanden fünfzig Prozent mehr Fehler, waren also sehr viel aufmerksamer als die vermeintlichen Künstler.

Holland et al. (2005) primten ihre Versuchspersonen mit Zitrusduft auf das Thema «Sauberkeit». Dazu wurden die Versuchspersonen unbemerkt einem Zitrusduft ausgesetzt. Die Quelle des Geruchs konnten sie nicht sehen. Zitrusduft steht in unserer Gesellschaft für Sauberkeit, die meisten Putzmittel sind mit diesem Geruch angereichert. Die Teilnehmenden wurden nach dem Zufallsprinzip in zwei Gruppen eingeteilt, in eine Versuchs- und eine Kontrollgruppe. Zu Beginn des Experiments mussten sie einen Fragebogen zu ihrer Person ausfüllen. Die Kontrollgruppe erledigte dies in einem neutralen Raum ohne besonderen Duft, die Versuchsgruppe in einem Raum, in dem versteckt ein Schälchen mit Zitrusduft stand, sodass das ganze Zimmer danach duftete. Nachdem alle den Fragebogen ausgefüllt hatten, wurden die Teilnehmenden in einen anderen Raum geschickt, in dem sie an einem Tisch einen Keks essen mussten, der sehr stark krümelte. Untersucht wurde das Sauberkeitsverhalten der Versuchspersonen, das heißt, wie sehr sie darauf achteten, den Tisch sauber zu halten. An der Decke war eine versteckte Kamera installiert, die die Anzahl der Handwischbewegungen aufzeichnete, mit denen die Versuchspersonen die Krümel vom Tisch wischten. Das Experiment ergab, dass die Versuchsgruppe, die mit Zitrusduft auf Sauberkeit geprimt war, dreimal so oft Kekskrümel wischte wie die Kontrollgruppe.

Die Experimente zeigen, dass durch Priming Gedächtnisinhalte unbewusst aktiviert werden und dass diese unbewusste Aktivierung Einfluss darauf hat, wie Menschen anschließend handeln. Diesen Umstand machen wir uns im ZRM-Training zunutze. Durch das unbewusste Aktivieren von neuronalen Netzen kann ein Mensch in die Lage versetzt werden, zielrealisierend zu handeln. Priming hat den Vorteil, dass ihr eure Umgebung nur einmal mit entsprechenden Gegenständen, sogenannten Erinnerungshilfen, ausstatten müsst. Danach laufen die Lernprozesse unbewusst ab und brauchen keine bewusste Aufmerksamkeit mehr. Priming ist aber nicht nur für die Wissenschaft ein interessantes Forschungsgebiet, die ganze Werbebranche lebt von diesen Erkenntnissen. Genau genommen werden wir jeden Tag geprimt, durch die Aldi-Tüte, den Kugelschreiber aus dem Autohaus und die aufgedruckten Modelabel auf T-Shirts.

Warum also nicht das Heft selbst in die Hand nehmen und gezielt das primen, was uns wichtig ist? Zum Beispiel unser neues Ziel. Je mehr ich an mein Motto-Ziel erinnert werde, und zwar unabhängig davon, ob bewusst oder unbewusst, desto häufiger wird mein neues neuronales Netz aktiviert und desto schneller wird es stärker. Wenn ich mich also auf mein Motto-Ziel prime, dann ist das nichts anderes als ein Lernprozess, der besonders angenehm und mühelos ist, weil er unbewusst vonstatten geht. Hüther (2001) sagt, es gibt zwei Bedingungen, um neuronale Verbindungen zu stärken, erstens durch häufiges und zweitens durch erfolgreiches Benutzen. Im nächsten Arbeitsschritt sollt ihr euch Gegenstände und Erinnerungshilfen ausdenken, die zu eurem Bild und Motto-Ziel passen.

Wir unterscheiden zwei Arten:

- mobile Erinnerungshilfen, also alles, was ich bei mir oder an mir tragen kann
- stationäre Erinnerungshilfen, die fest an einem Platz installiert sind.

Um das zu üben, bekommt Manuel jetzt einen Riesenideenkorb. Manuel, zeigst du bitte dein Bild und nennst uns dein Motto-Ziel?

Mobile Erinnerungshilfen

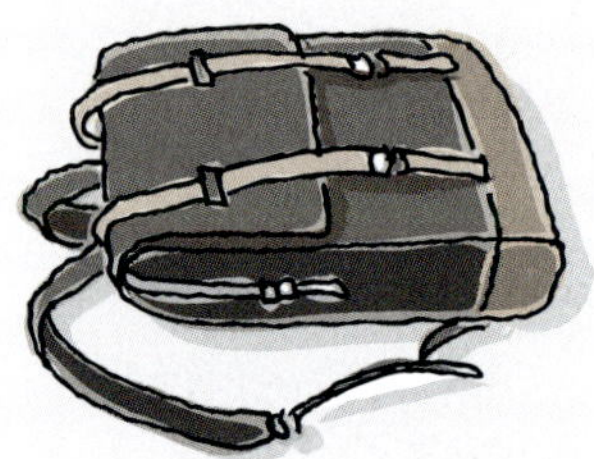

- Wanderschuh als Schlüsselanhänger
- rhythmischer Trommel-Klingelton
- T-Shirt mit Motto-Ziel bedruckt
- Wanderschnürsenkel bei allen Schuhen
- neuer Alltagsrucksack
- kariertes Hemd
- Taschenmesser
- Handy-Hintergrundbild

Stationäre Erinnerungshilfen

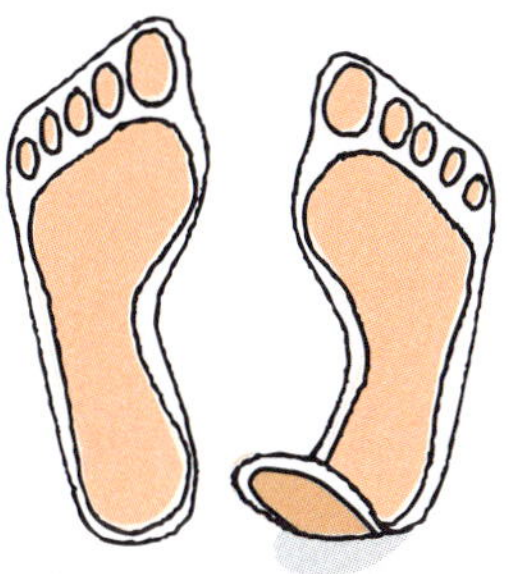

- Tasse mit Wanderschuhen bedruckt
- Wanderwegweiser mit Motto-Ziel an der Bürotür
- Wanderschuh-Bildschirmschoner
- alter Feldstecher als Deko auf dem Schreibtisch
- Wanderkarte im Büro aufhängen
- Fußabdruck-Sticker am Bildschirm
- Mauspad
- Rasseln zur Deko
- Computerpasswort
- Stein von einer Wanderung auf dem Tisch

«Danke an alle kreativen Kolleginnen und Kollegen, da habe ich jetzt eine schöne Auswahl. Aber eine Frage habe ich noch, Anke: Ich bin ja nicht der Sportlichste, deshalb war mir ja auch der Gipfelstürmer zu anstrengend», grinst Manuel. «Aber wandern tu ich wirklich gern. Ich habe mir im Frühjahr neue Wanderschuhe gekauft, die im Schuhregal im Flur stehen. Die kann ich doch auch als Erinnerungshilfe verwenden, oder?»

«Gute Frage, Manuel, darauf wollte ich gerade zu sprechen kommen, aber du bist einfach schneller unterwegs als ich», meint Anke.

«Das hat mir in meinem ganzen Leben noch niemand gesagt», lacht Manuel. « Ich glaube, das Motto-Ziel wirkt schon bei mir!»

Grundsätzlich gilt: Es müssen neue Gegenstände und Erinnerungshilfen sein, die für euer neues Motto-Ziel stehen und euch genau daran erinnern. Wenn ihr Gegenstände schon seit einiger Zeit besitzt, dann erinnern die euch bereits an etwas anderes im Leben: an den letzten Urlaub, das Hobby oder an eure Kinder. Wenn ihr trotzdem meint, dass der Gegenstand gut zu dem Motto-Ziel passt und ihr ihn nicht durch einen neuen ersetzen wollt, dann bleibt noch die Möglichkeit, etwas daran zu verändern. Manuel, bei deinen Wanderschuhen kannst du dir andersfarbige Schnürsenkel einziehen. Dann ist etwas Neues an den Schuhen, und dein Unbewusstes wird darüberstolpern und es mit deinem neuen Motto-Ziel in Verbindung bringen. So, jetzt seid ihr an der Reihe, euch gegenseitig Ideen für Erinnerungshilfen zu spenden.

→ Liebe Leserinnen und Leser, suchen Sie sich für diesen Arbeitsschritt bitte zwei bis drei kreative Menschen, die Ihnen zu Ihrem Bild und Motto-Ziel Erinnerungshilfen nennen.

Mein Ideenkorb für Erinnerungshilfen

Arbeitsblatt

Mobile Erinnerungshilfen

- Wolf als Hintergrundbild auf Handy
- Wolfsgeheul als Klingelton
- Schlüsselanhänger
- Jack-Wolfskin-Uhr
- Jack-Wolfskin-Jacke

Stationäre Erinnerungshilfen

- Wolf als Hintergrundbild auf PC
- PC-Passwort
- Murmeln als Wolfsaugen in einer Schale
- Jack-Wolfskin-Aufkleber an Spiegelschrank und an Zigarrenbox

Mobile Erinnerungshilfen

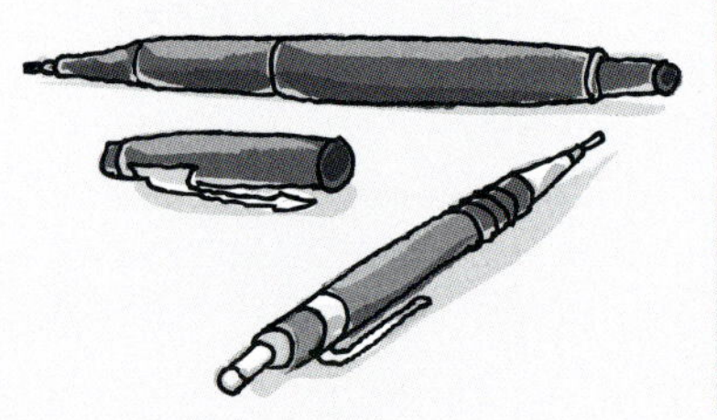

- Feder in der Handtasche
- himmelblauer Schal
- «Fly Like an Eagle» als Handy-Klingelton
- blaue Stifte
- blauer Schmuck

Stationäre Erinnerungshilfen

- Spielzeug-Adler
- Ventilator für Frischluft im Büro
- Adlerkalender
- blaue Zierkissen
- blaue Ordner im Büro

Mobile Erinnerungshilfen

- Klingelton mit Waldrauschen
- Holz-Schlüssel-anhänger
- grün: Schmuck, Handyhülle, Strumpfhosen

Stationäre Erinnerungshilfen

- grüne Flipflops für zu Hause
- saisonale Früchte am Arbeitsplatz
- Autoduft: Waldduft
- Waldboden-Moos-Deko-Schale
- Bonsai

So, fürs Erste seid ihr mal ausgerüstet. Ihr könnt nun alle ein schönes Motto-Ziel und viele Ideen für passende Erinnerungshilfen mit nach Hause nehmen, und wir kommen zum Abschluss des ersten Tages, zum Wichteln. Dazu verteile ich jetzt allen eine Karte, auf welche ihr bitte euren Namen, euer Motto-Ziel und euer Bild schreibt. Danach werft ihr mir die zusammengefaltete Karte bitte in diese Kiste.

Ihr bekommt von mir noch zwei Hausaufgaben für morgen. Zum einen sollt ihr alle für euch selbst eine zum Motto-Ziel passende Erinnerungshilfe besorgen, zum anderen werdet ihr gleich eine der Karten aus der Kiste ziehen und sollt bis morgen zum Ende des Kurses eurem Wichtelkind eine Erinnerungshilfe, passend zu seinem Ziel, besorgen. Das Geschenk soll maximal einen Wert von fünf Euro haben, darf aber auch gern selbst gebastelt sein. Lasst eurer Fantasie freien Lauf. Ich wünsche euch einen wunderschönen Abend und freue mich darauf, morgen mit euch weiterzuarbeiten.

Situationstypen-ABC

Am nächsten Morgen, pünktlich um acht Uhr, begrüßt Anke alle und fragt in die Runde, ob schon jemand bis heute Morgen in einer Situation so handeln konnte, wie er oder sie es sich gestern vorgenommen hat.

«Oh ja», sprudelt Mona los, «gestern Abend, als ich nach dem Seminar nach Hause gekommen bin, wollte ich noch schnell den Vertrag unseres neuen Kunden aufsetzen. Zuerst habe ich für die Schnittstellen-Anpassung pauschal 500 Euro eingesetzt, wie bei der BIUCA AG. Dann hat mich aber mein Baumbild daran erinnert, dass süße Früchte auch nicht über Nacht wachsen. Da dachte ich mir, ich frag wohl besser zuerst Manuel, wie ich

Maggi
Würze

diese Anpassungen verrechnen soll, und ich habe das Schreiben des Vertrags vertagt.» Zu Manuel gewandt meint Mona: «Das kommt diese Woche noch auf dich zu Manuel, gell?!»

«Super, Mona, das ist wirklich ein schönes, gelungenes Beispiel für zielrealisierendes Handeln», sagt Anke. «Hat noch jemand etwas Ähnliches erlebt?»

«Ja, ich!», meldet sich Rita. «War aber eigentlich nichts Besonderes. Ihr wisst ja, dass mein Mann Maggi-Fan ist und alles, was ich ihm serviere, nachwürzt. Ohne vorher zu probieren, wohlgemerkt. Gestern Abend habe ich eine feine Karotten-Ingwer-Suppe gekocht, und kaum war sie auf dem Teller, schwupps, hat er Maggi reingetropft. Früher hätte ich mich darüber geärgert. Aber durch meinen Adler-Überblick aus großer Höhe sah das auf einmal wie ein Kunstwerk im Kornfeld aus, die dunklen Tropfen in der hellgelben Suppe, wie sie beim Umrühren Streifen und Spiralen ziehen. Ich musste lachen und habe meinem Mann gesagt, an ihm sei ein Kornkreis-Künstler verloren gegangen. Ich glaube nicht, dass er meinen Witz verstanden hat, aber ich hatte meine Freude dran.»

Tolles Beispiel, Rita, danke. Zu Beginn deiner Erzählung hast du erwähnt, dein Beispiel sei nichts Besonderes. Es ist aus der Sicht des Gehirns aber sehr wohl etwas Besonderes, denn du hast ein neues Verhalten gezeigt. Auch wenn euch solche Situationen oder Handlungen, wie in Monas Fall, eine schwierige Arbeit aufzuschieben, oder wie bei Rita, erhaben sein über Alltagsärgernisse, einfach und lapidar vorkommen: Ihr habt in diesem Moment neu und zielrealisierend gehandelt.

Wichtig ist für euch, dass ihr diese scheinbar einfachen Erfolge erkennt und euch dafür lobt. Sagt ruhig im Stillen zu euch: Bravo, ICH, gut gemacht! So verstärkt ihr durch das Loben von Erfolgen euer neues neuronales Netz. Je mehr Erfolge ihr habt, desto schneller werdet ihr das erwünschte Verhalten lernen und automatisieren. Diese Situationen nennen wir im ZRM «A-Situationen». A-Situationen sind einfach, und sie gelingen euch bereits jetzt schon, ganz nebenbei. Eure Aufgabe bei A-Situationen ist, sie zu bemerken und euch dafür zu loben. Ihr habt dafür in den Unterlagen das folgende Arbeitsblatt, auf dem ihr gelungenes zielrealisierendes Verhalten eintragen könnt.

Mein Erfolgsspeicher für A-Situationen

Tag 1 So habe ich heute zielrealisierend gehandelt:

1. ....
2. ....
3. ....

Tag 2 So habe ich heute zielrealisierend gehandelt:

1. ....
2. ....
3. ....

Tag 3 So habe ich heute zielrealisierend gehandelt:

1. ....
2. ....
3. ....

Tag 4 So habe ich heute zielrealisierend gehandelt:

1. ....
2. ....
3. ....

Arbeitsblatt

Tag 5 So habe ich heute zielrealisierend gehandelt:

1. ……………………………………
2. ……………………………………
3. ……………………………………

Tag 6 So habe ich heute zielrealisierend gehandelt:

1. ……………………………………
2. ……………………………………
3. ……………………………………

Tag 7 So habe ich heute zielrealisierend gehandelt:

1. ……………………………………
2. ……………………………………
3. ……………………………………

Es begegnen uns im Leben aber auch Situationen, die wir nicht so einfach in unserer neuen Haltung bewältigen können, jedenfalls jetzt noch nicht. Die Erstreaktion, mit der wir unseren Alltag hauptsächlich bestreiten, ist ja schon lange und gut gelernt worden. Wenn wir uns jedoch ab sofort anders verhalten wollen, dann müssen wir manche Situationen planen. Sobald wir wissen, wo und wann wir auf eine solche Situation oder Umgebungsbedingung treffen, die für unser neues Ziel schwierig werden kann, dann sind wir in der Lage, entsprechende Vorbereitungsmaßnahmen zu treffen. Das sind im ZRM die «B-Situationen». Sie sind schwierig, aber vorhersehbar und deshalb planbar.

Auf dem nächsten Arbeitsblatt seht ihr ein Thermometer mit einer Skala von 0 bis 100. Überlegt euch jetzt bitte fünf Situationen in unterschiedlichen Schwierigkeitsgraden, über das ganze Thermometer verteilt, die eurem Motto-Ziel gefährlich werden können. Ihr habt dafür zehn Minuten Zeit.

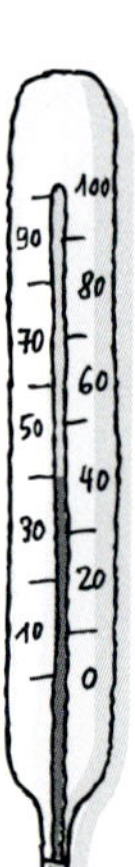

Nach einiger Zeit meldet sich Thomas: «Also, mir fällt beim besten Willen nichts ein!»

«Dann wollen wir dem Thomas mal auf die Sprünge helfen», meint Anke. «Er wollte doch mehr Gespür für sein Rudel entwickeln. Wo in seinem Alltag gibt es dafür geeignete Situationen?»

Sofort beginnt Rita mit einer Aufzählung: «Du könntest meine Einwände ernster nehmen, wenn ich damit zu dir komme. Genauso könntest du Manuels Bedenken in deine Kalkulation mit einplanen. Und wenn du regelmäßig an unseren Pausen teilnimmst, kriegst du auch die Stimmung im Team mit. Apropos Stimmung: Das gilt natürlich auch für deine Familie. Beim Heimkommen kannst du ruhig auch mal nach der Befindlichkeit deiner Frau und deiner Kinder fragen. Und zum Schluss noch was ganz Konkretes. Wie sieht es mit dem bevorstehenden Elterngespräch aus? Davon redest du doch schon seit Tagen.»

Kleinlaut sagt Thomas: «Stimmt, stimmt, stimmt. Danke, Rita! Dann werde ich das mal auf meinem Thermometer sortieren.»

B-Situationen

- Ritas Einwände ernster nehmen

- Manuels Bedenken in die Kalkulation mit einplanen

- Regelmäßig an den Pausen teilnehmen, um Stimmung im Team mitzukriegen

- Beim Heimkommen nach der Befindlichkeit der Familie fragen

- Elterngespräch

Einige Minuten später, nachdem alle fünf Situationen gefunden haben, fährt Anke fort.

Umkreist bitte die Einträge, die im Schwierigkeitsgrad zwischen 40 und 60 liegen. Das ist die richtige Herausforderung für den Anfang. Über 60 wäre im Moment noch zu schwierig, und unter 40 ist zu einfach zum Üben.

Ich will hier noch einmal die Metapher vom Trainieren der Muskeln aufgreifen. Wenn ihr zum ersten Mal in ein Fitnessstudio geht, um eure Muskeln aufzubauen, beginnt ihr sicher nicht gleich mit den schwersten Gewichten, das schafft ihr noch nicht. Ihr wählt allerdings auch keine Gewichte, die für euch zu leicht sind, sondern ihr wählt ein Mittelmaß, das ihr mit einiger Anstrengung gut bewältigen könnt. Auch euer neues neuronales Netz kann jetzt noch keine 100er Situationen stemmen, 20er Situationen sind hingegen zu einfach. Deshalb ist der Schwierigkeitsgrad zwischen 40 und 60 ein optimales Übungsfeld. Mona, was hast du denn zwischen 40 und 60 stehen?

«Bei mir steht da: Neuen Firmenwagen kaufen. Ich habe von Thomas ein Budget von 30’000 Euro bekommen und muss mir damit einen neuen Firmenwagen kaufen. Auf die Schnelle 30’000 Euro auszugeben, ist für mich überhaupt kein Problem. Da gehe ich zum Audi-Händler ums Eck und nehme das, was gerade im Schaufenster steht und mich anspringt. Nach dem letzten Autokauf musste ich jedoch feststellen, dass es wohl sinnvoller wäre, sich vorher eingehend mit verschiedenen Angeboten zu beschäftigen, anstatt sich den erstbesten Wagen unter den Nagel zu reißen. Denn ich muss mein schwarzes Auto ständig waschen, und es ist im Unterhalt recht teuer. In mehrere Autohäuser fahren, verschiedene Modelle ansehen, Preise und Verbrauchswerte vergleichen und dann vernünftig entscheiden, das ist für mich eine riesige Herausforderung, ja sogar ein Graus.»

O.k., verstehe, da du eine Macherin bist, die lieber zupackt und anfängt, anstatt zu planen und nachzudenken, läufst du Gefahr, bei Projekten oder auch beim Autokauf vorschnell zu handeln. Und dein neues Ziel, stetig zu wachsen und dich dann an deinen süßen Früchten oder Erfolgen zu freuen, ist dann in Gefahr. Erreichen musst du also, in deinem Baumgefühl, wenn ich das so nennen darf, zu bleiben und zu warten, bis du genügend Informationen für eine vernünftige Entscheidung zusammengetragen hast.

Fünf B-Situationen, in denen ich mein Motto-Ziel einsetzen möchte

Verteilen Sie den Schwierigkeitsgrad Ihrer fünf B-Situationen über das ganze Thermometer

Schwierigkeitsgrad

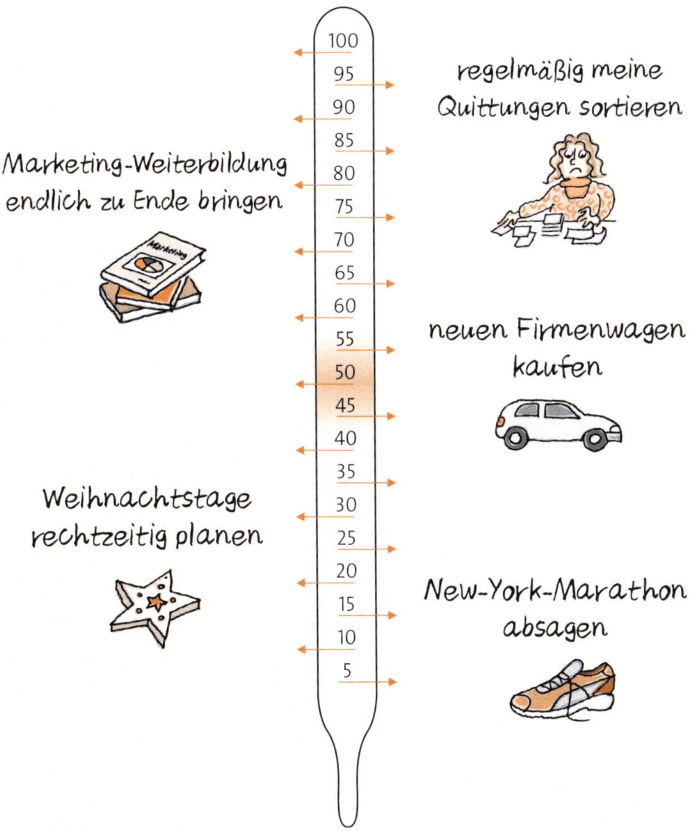

100 95 90 85 80 75 70 65 60 55 50 45 40 35 30 25 20 15 10 5

regelmäßig meine Quittungen sortieren

Marketing-Weiterbildung endlich zu Ende bringen

neuen Firmenwagen kaufen

Weihnachtstage rechtzeitig planen

New-York-Marathon absagen

Wie kann Mona das schaffen? Ich bitte euch alle, für Mona Ideen zu sammeln, welche Erinnerungshilfen sie für das Vorhaben «Firmenwagen kaufen» dabeihaben kann, damit sie dann imstande ist, in ihrer Baumhaltung zu bleiben. Ich schreibe eure Ideen auf dem Flip mit.

Transfer in den Alltag

Motto-Ziel:

Fest verwurzelt wachse ich stetig und erfreue mich dann meiner süßen Früchte.

B-Situation:

Firmenwagen kaufen

Erinnerungshilfen:

- Duftbaum im Auto
- grüner Schal
- Schlüsselanhänger und Handschmeichler aus Holz
- fruchtiges Parfum
- Fruchtgummis in der Handtasche
- Sonnenbrille mit grünen Gläsern
- Baumbild in der Aktenmappe
- Aktenmappe aus grünem Leder
- Ring mit grünem Stein

Transfer in den Alltag

Motto-Ziel:

Mit klarem Blick und gutem Riecher
achte ich auf die Bedürfnisse meines Rudels.

B-Situation:

Diskussion mit Irene während der Autofahrt
nach dem Elterngespräch mit dem Lehrer
über den 14-jährigen Sohn nächsten Freitag.

Erinnerungshilfen:

- Schlüsselanhänger am Autoschlüssel
- Jack-Wolfskin-Jacke und Uhr anziehen

Arbeitsblatt

Transfer in den Alltag

Motto-Ziel:

Ich hebe ab in große Höhen, genieße den Überblick und bin eins mit mir.

B-Situation:

Nächste Woche beim Golfkurs ruhig bleiben.

Erinnerungshilfen:

- blaue Kleidung tragen
- Adlerbild auf Golftasche kleben
- blaue Golfbälle

Arbeitsblatt

Transfer in den Alltag

Motto-Ziel:

In meinem Rhythmus gehe ich meinen Weg.
Los gehts!

B-Situation:

Fahrprüfung machen und dafür bei
Fahrschule anmelden

Erinnerungshilfen:

- Fußabdruck-Kleber an Wände kleben

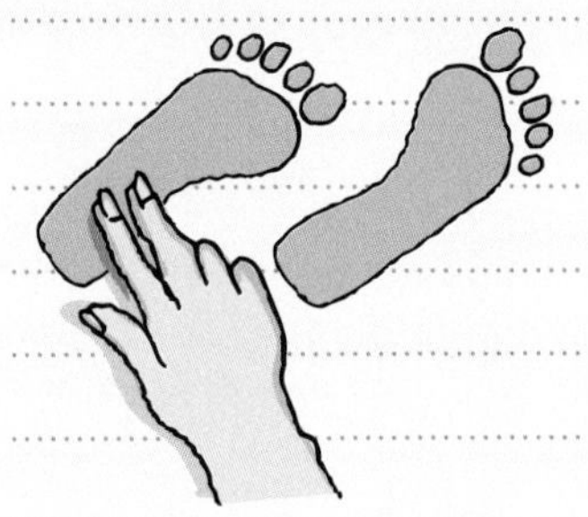

- kariertes Hemd
- Wanderschuh-Schnürsenkel in normale Schuhe
- Wanderwegweiser an Wohnungstür

Arbeitsblatt

Und bei dir, Thomas, würde mich jetzt auch noch interessieren, wie dir dein Wolf dabei hilft, dein Lernbedarf zu verfolgen. Mona und du, ihr hattet ja beide auf der Affektbilanz zum Lernbedarf negative Gefühle. Nun haben wir mithilfe der ZRM-Techniken ein positives Bild mit eurem Lernbedarf verbunden. Das sollte jetzt die Umsetzung deines Vorhabens deutlich erleichtern. Wenn du nach dem Elternabend nach Hause fährst, wie hast du dich denn da bisher verhalten?

«Na, das ist schnell erklärt!», lacht Thomas. «Ich habe abgewiegelt und versucht, meine Frau auf andere Gedanken zu bringen. Eine schöne Musik aufgelegt oder gesagt: ‹Schatz, das wird schon, das ist ein guter Junge, der hat meine Gene!›, so was in der Art. Ich wollte mir einfach nicht den Feierabend versauen lassen, um es mal deutlich auszudrücken.»

«Und jetzt, mit deinem Wolf, da hast du ja eine neue Haltung. Was verändert sich jetzt?»

«Das Wolfsbild ruft in mir ein Fürsorgebedürfnis hervor, anders kann ich das nicht beschreiben. Ich bin alarmiert, kann dem aber auch nachgehen. Ein Wolf, der nicht wachsam ist, kann sich nicht um sein Rudel kümmern. Es gehört einfach zur Wesensart eines Wolfs, dass er auf Alarmzeichen achtet. Das macht mich dann sogar ein bisschen stolz, dass ich so ein guter Leitwolf bin.»

Am Beispiel von Mona und Thomas seht ihr, dass man mit der ZRM-Methode auch Ziele verfolgen kann, die zu Beginn richtig unangenehm waren. Rita und Manuel haben ja die luxuriöse Situation, dass sie sehr angenehme Ziele verfolgen, aber Mona und Thomas müssen schon in einen sauren Apfel beißen. Der lässt sich jedoch versüßen, wenn man weiß, wies gemacht wird!

→ Liebe Leserinnen und Leser, überlegen Sie sich bitte, wann und wo Sie Ihre neue Haltung gemäß Ihrem Motto-Ziel einnehmen wollen. Tragen Sie dazu die infrage kommenden Situationen gestaffelt nach Schwierigkeitsgrad in das Thermometer ein. Wählen Sie danach eine Situation mit mittlerem Schwierigkeitsgrad (zwischen 40 und 60) und planen Sie den Einsatz Ihrer Erinnerungshilfen. Durch eine gute Planung der B-Situationen steigern Sie die Wahrscheinlichkeit, diese Situation erfolgreich zu meistern. Verwenden Sie hierzu die beiden folgenden Arbeitsblätter.

Fünf B-Situationen, in denen ich mein Motto-Ziel einsetzen möchte

Verteilen Sie den Schwierigkeitsgrad Ihrer fünf B-Situationen über das ganze Thermometer

Schwierigkeitsgrad

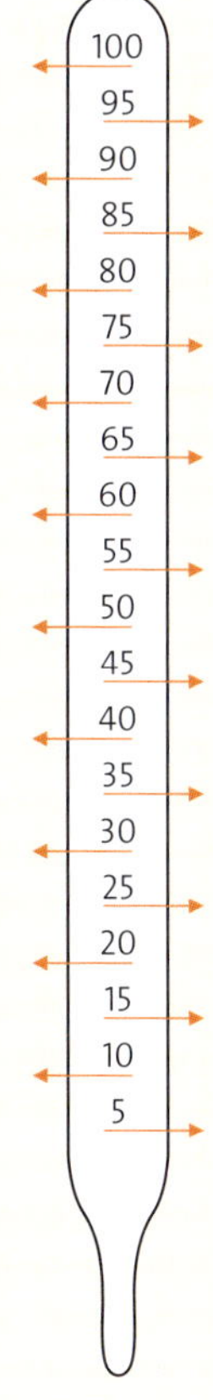

Arbeitsblatt

Transfer in den Alltag

Motto-Ziel:

....

....

....

B-Situation:

....

....

....

Erinnerungshilfen:

....

....

....

....

....

....

....

....

Arbeitsblatt

Den dritten Situationstyp, die «C-Situation», könnt ihr unmittelbar nach dem Training noch nicht bewältigen. Die C-Situationen sind schwierig und überraschend, während ihr bei den B-Situationen vorhersehen könnt, dass sie irgendwann mal auf euch zukommen.

Stellt euch vor, ihr geht zufrieden und beschwingt mit eurer neuen Haltung durch das Leben. Plötzlich springt King Kong hinter einer Hausecke hervor. Damit habt ihr überhaupt nicht gerechnet. Euer neues neuronales Netz ist mit dieser Situation noch völlig überfordert, und das alte übernimmt deshalb die Kontrolle. Entsprechend verhaltet ihr euch nach alter, gewohnter Manier. In diesem Moment ist für euch wichtig zu wissen, dass ihr für eure neue Haltung noch keine Automatismen aufgebaut habt. Ihr habt also keinen Grund, euch darüber zu ärgern.

Manuel fällt Anke ins Wort: «In meinem Fall wäre es nicht King Kong, sondern Mona, die hinter der Hausecke hervorspringt oder in mein Büro platzt. Wenn ich dich aber richtig verstanden habe, dann ist Mona für mich keine C-Situation, sondern eine B-Situation, da sie ja bei uns arbeitet und ich jeden Tag mit einer Begegnung rechnen muss. Stimmts, Anke?»

«Mensch, Manuel, so habe ich das ja noch nie gesehen, ich und King Kong», lacht Mona. «Wenn dir das hilft, kündige ich mich ab sofort per SMS oder eingeschriebenem Brief an.»

Nachdem das allgemeine Gelächter verklungen ist, bestätigt Anke, dass Manuel das völlig richtig erkannt hat. Alle Situationen, die vorherzusehen sind, egal wo und wann sie auftreten, sind B-Situationen und können deshalb geplant werden.

C-Situationen könnt ihr, nachdem sie passiert sind, auf dem folgenden Arbeitsblatt «Logbuch für C-Situationen» eintragen. Wenn ihr mindestens fünf gesammelt habt, schaut nach Gemeinsamkeiten. Passieren die C's immer morgens, wenn ihr noch nicht ganz wach seid, oder abends, wenn ihr müde werdet? Immer, wenn ihr hungrig seid und keine Zeit zum Essen habt, oder immer, wenn bestimmte Personen anwesend sind? Sobald ihr Gemeinsamkeiten identifiziert habt, werden die C-Situationen zu B-Situationen, und ihr könnt sie planen.

Logbuch für C-Situationen

1. ...

2. ...

3. ...

4. ...

5. ...

Arbeitsblatt

Wenn-Dann-Pläne

Ich habe nun schon einige Male von Verhaltensroutinen und Automatismen gesprochen. Die entstehen immer dann, wenn etwas besonders gut gelernt ist und häufig gebraucht wird. In dem Maße, in dem ihr Verhaltensweisen wiederholt und einübt, werden sie automatisiert und dadurch mühelos abrufbar. Das ist für unseren Alltag durchaus nützlich. Denkt nur an eure ersten Fahrstunden zurück, wie sehr ihr da mit den drei Pedalen, den drei Spiegeln, der Gangschaltung, den verschiedenen Knöpfen und Hebeln und nicht zuletzt mit den anderen Verkehrsteilnehmern zu kämpfen hattet. Da ihr zu diesem Zeitpunkt noch keine Routinen hattet, musstet ihr alle Anforderungen bewusst bewältigen. Das ist anstrengend, energieraubend und auf Dauer ermüdend. Aber je öfter ihr mit dem Auto unterwegs wart, desto routinierter wurde euer Fahrverhalten. Heute müsst ihr kaum noch über das Autofahren nachdenken. Automatismen sind also eine gute Sache, solange sie erwünscht sind. Wenn ihr aber beschließt, ein altes Verhalten zu verändern, dann kann euch ein altbewährter, aber jetzt unerwünschter Automatismus ganz schön in die Quere kommen.

Für den Umgang mit alten Automatismen haben wir im Zürcher Ressourcen Modell eine elegante Methode zur Hand, die Wenn-Dann-Pläne. Mit den Wenn-Dann-Plänen könnt ihr vor euren alten Automatismus einen neuen Sofortautomatismus schalten. Peter Gollwitzer hat in vielen Studien die Wirksamkeit dieser Methode nachgewiesen (Wieber, Thürmer u. Gollwitzer, 2015). Eine seiner Studien (Oettingen, Hönig u. Gollwitzer, 2000) will ich euch genauer erzählen.

Die Teilnehmenden der Studie, alles Studierende, erhielten an einem Montag eine Diskette mit der Anweisung, am Mittwoch um 16 Uhr so viele mathematische Aufgaben wie möglich zu lösen. Es wurden zwei Gruppen gebildet. Die eine Gruppe erhielt die Diskette und musste einmal folgenden Satz aufschreiben: Am Mittwoch um 16 Uhr löse ich so viele mathematische Aufgaben wie möglich. Die andere Gruppe erhielt die Diskette und musste diesen Satz aufschreiben: Wenn es Mittwoch um 16 Uhr ist, dann löse ich so viele mathe-matische Aufgaben wie möglich. Am Freitag mussten alle Studenten die Diskette mit den gelösten Aufgaben wieder abgeben. Was die Studenten nicht wussten: In der Diskette war ein Zeitchip eingearbeitet, der es den Forschern ermöglichte, festzustellen, wann genau sich die Studierenden an das Lösen der Aufgaben gesetzt hatten. Die Abweichung dieses tatsächlichen Zeitpunkts von der vorgegebenen Zeit wurde berechnet, und so konnte für die beiden Gruppen ein Mittelwert der Abweichung vom vorgegebenen Zeitpunkt 16 Uhr festgestellt werden. In der ersten Gruppe (Am Mittwoch um 16 Uhr...) betrug diese durchschnittliche Abweichung 480 Minuten, also volle acht Stunden. Bei der Gruppe mit dem Wenn-Dann-Plan war die Abweichung gerade mal 102 Minuten, also nur eine Stunde und zweiundvierzig Minuten. Der einzige Unterschied zwischen diesen beiden Gruppen bestand darin, dass die eine den Wenn-Dann-Plan aufgeschrieben und die andere ihre Absicht ohne Wenn-Dann-Plan formuliert hatte.

Ähnliche Studien gibt es zu Zielen im Gesundheitsverhalten, etwa, mit dem Rauchen aufzuhören, abzunehmen oder mehr Sport zu treiben (Renner u. Schwarzer, 2000), aber auch zu dem Vorhaben, öfter im Bioladen einzukaufen oder mit dem Bus statt mit dem Auto zu fahren (Bamberger, 2002).

Mit einer «Wenn X passiert, dann mache ich Y»-Formulierung greift ihr direkt auf die Ebene der unbewussten Automatismen zu. Ihr verbindet eine Situation X direkt mit einer erwünschten Handlung Y und kommt damit der unerwünschten, automatisierten Handlung zuvor. Mit dem X beschreibt ihr so genau wie möglich die Situation, die den alten Automatismus auslösen könnte. Wenn ich z.B. merke, dass ich nervös werde, wenn Kollege B. anfängt, laut zu werden, oder wenn ich müde und lustlos bin. Für das Y habt ihr dann zwei Möglichkeiten: Entweder ihr formuliert ein konkretes Verhalten, z.B. «Wenn X passiert, dann atme ich tief durch», oder ihr aktiviert euer Motto-Ziel, z.B. «Wenn X passiert, dann sage ich mir: In meinem Rhythmus gehe ich meinen Weg.» Das Wenn-Dann-Format ist wichtig, weil das Gehirn gelernt hat, den Wenn-Teil automatisch mit dem Dann-Teil solcher Sätze zu verbinden.

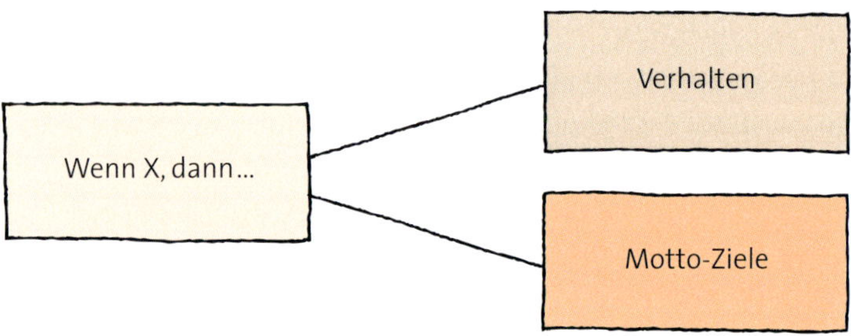

Dadurch erst entsteht die Automatisierung: Wenn die Situation auftaucht, die im Wenn-Satz beschrieben ist, wird automatisch (also ohne dass bewusste Kontrolle nötig ist) das Verhalten ausgelöst, das im Dann-Satz beschrieben ist.

Bevor ihr gleich mit euren eigenen Wenn-Dann-Plänen loslegt, will ich noch auf ein paar Details hinweisen, die ihr dabei beachten sollt.

Erstens sollt ihr den Wenn-Dann-Plan aufschreiben, um die mentale Verknüpfung von Situation und Handlung zu gewährleisten. Dabei ist es egal, ob ihr mit Füller auf Papier, mit einem Stock in den Sand oder eurem Finger auf den Tisch schreibt. Einmal in einem Zug aufschreiben und dabei sowohl das Wenn als auch das Dann hinschreiben.

Zweitens reichen Wenn-Dann-Pläne oft nicht aus, wenn dazu keine intrinsische Motivation vorliegt. Wenn ihr keinen Sinn in einer Handlung seht, wird die Ausführungswahrscheinlichkeit trotz Wenn-Dann-Plan nicht steigen. Ich musste das am eigenen Leib erfahren. Als ich zum ersten Mal von den Wenn-Dann-Plänen gehört habe, dachte ich mir, das ist doch ein gutes Mittel, um meinen Sohn zum Lernen zu bewegen. Deshalb habe ich ihn folgenden Wenn-Dann-Plan aufschreiben lassen: «Wenn ich nach dem Essen in mein Zimmer gehe, dann fange ich sofort mit den Hausarbeiten an.» Ich musste leider bald feststellen, dass seine intrinsische Motivation nicht groß genug war, den Plan auch auszuführen.

Drittens könnt ihr mit einem Wenn-Dann-Plan nur Vorhaben angehen, auf die ihr auch selbst Einfluss nehmen könnt. In einem meiner Seminare hat eine Teilnehmerin an dieser Stelle den Satz «Wenn ich nach dem Seminar in mein Auto steige, dann fahre ich ohne Stau bis nach Hause» aufgeschrieben. Auch das hat nicht funktioniert, denn es war Montag um 17 Uhr, das Seminar fand in Zürich statt, und es herrschte Feierabendverkehr.

Wenn ihr diese drei Punkte beachtet, werdet ihr feststellen, dass Wenn-Dann-Pläne eine gute Maßnahme sind, einen Sofortautomatismus aufzubauen und damit die Wahrscheinlichkeit zu steigern, so zu handeln, wie ihr es euch vorgenommen habt.

Beim Formulieren von Wenn-Dann-Plänen zu eurem Motto-Ziel könnt ihr noch weitere Überlegungen miteinbeziehen. Ihr habt die Möglichkeit, entweder bei eurer Erstreaktion zu bleiben oder nach eurer neuen, gewünschten Zweitreaktion zu handeln. Ich möchte euch das an meinem Beispiel aufzeigen.

Meine Erstreaktion ist durch starken aktivierten positiven Affekt geprägt. Dadurch neige ich zu spontanem Handeln, und mein Lernbedarf und somit meine erlernte Zweitreaktion ist die Selbstbremsung. Nun kann ich mit Rücksichtnahme auf meine angeborene Erstreaktion mich selbst schützen und die Umwelt zur Anpassung auffordern. Wenn mein strukturierter Arbeitskollege mit seinen planvollen Fragen meine Euphorie ausbremst, könnte mein Wenn-Dann-Plan lauten: «Wenn mein Arbeitskollege mich mit Fragen löchert, dann sage ich ihm: Gute Frage, aber jetzt hör mir erst einmal zu.» Wenn ich mir aber vorgenommen habe, meine Erstreaktion zu verändern, mich also selbst zu bremsen, dann formuliere ich den Wenn-Dann-Plan: «Wenn mein Arbeitskollege mich mit Fragen löchert, dann denke ich über sie nach.»

Rita meldet sich: «Darf ich dazu mal eine Frage stellen? Ich werde das Gefühl nicht los, dass ich mit so einem Wenn-Dann-Plan zum Roboter werde. Wenn ich mir jetzt ein bestimmtes Verhalten vornehme, verhalte ich mich doch automatisch immer so? Schließlich ist es ein Automatismus?»

Keine Sorge, Rita, ein Wenn-Dann-Plan verhindert bloß, dass deine alte Routine automatisch losgeht, und sorgt dafür, dass dir stattdessen deine geplante Handlung in den Sinn kommt. Dein freier Wille ist also nicht in Gefahr, du kannst dich dann immer noch zwischen den beiden Möglichkeiten entscheiden.

Wenn es keine weiteren Fragen zu den Wenn-Dann-Plänen gibt, dann überlegt euch jetzt bitte je eine Situation, in der ihr eure Erstreaktion schützen wollt, und eine, in der ihr in eurer erwünschten Zweitreaktion, das heisst eurem Lernbedarf entsprechend, handeln möchtet. Notiert sie auf das nächste Arbeitsblatt und formuliert jeweils einen passenden Wenn-Dann-Plan dazu.

Meine Wenn-Dann-Pläne

1. Situation, in der ich mich und meine **Erstreaktion** schützen möchte:

....

Mein dazu passender Wenn-Dann-Plan:

Wenn Rita zu jammern beginnt, ...

....

....

Dann sag ich ihr: «Jammern hat noch nie geholfen, mach mir mal einen konkreten Verbesserungsvorschlag.» ....

Wenn

Dann

2. Situation, in der ich meine **Zweitreaktion** zeigen möchte:

....

Mein dazu passender Wenn-Dann-Plan:

Wenn jemand mit einem Problem an mich herantritt,

....

Dann schau ich mir den Grund dafür genauer an.

....

Meine Wenn-Dann-Pläne

1. Situation, in der ich mich und meine **Erstreaktion** schützen möchte:

....

Mein dazu passender Wenn-Dann-Plan:

Wenn Thomas meine Sorgen mal wieder nicht ernst nimmt und ich mich übergangen fühle,

....

Dann teile ich ihm das sofort mit.

....

....

Wenn

Dann

2. Situation, in der ich meine **Zweitreaktion** zeigen möchte:

Mein dazu passender Wenn-Dann-Plan:

Wenn mich jemand gekränkt hat,

Dann dann rufe ich meine Freundin an, um mich wieder zu beruhigen.

Wenn

Dann

Meine Wenn-Dann-Pläne

1. Situation, in der ich mich und meine **Erstreaktion** schützen möchte:

   ....

   Mein dazu passender Wenn-Dann-Plan:

   Wenn Manuel mal wieder genervt die Augen verdreht, wenn ich eine kleine Veränderung will,

   ....

   Dann sage ich: «Kein Problem, ich schreib's dir auf und schick's dir per Mail.»

   ....

Wenn Dann

2. Situation, in der ich meine **Zweitreaktion** zeigen möchte:

....

Mein dazu passender Wenn-Dann-Plan:

Wenn ich euphorisch werde,

....

Dann sage ich mir: «Ruhig bleiben und darüber nachdenken!»

Wenn

Dann

Meine Wenn-Dann-Pläne

1. Situation, in der ich mich und meine **Erstreaktion** schützen möchte:

   ....

   Mein dazu passender Wenn-Dann-Plan:

   Wenn Mona mich mal wieder unter Zeitdruck setzt, ...

   Dann sage ich: «Moment!» ....

Wenn

Dann

2. Situation, in der ich meine **Zweitreaktion** zeigen möchte:

....

Mein dazu passender Wenn-Dann-Plan:

Wenn ich zögerlich werde, ...

....

....

Dann sage ich mir: «No risk, no fun.» ....

....

....

Meine Wenn-Dann-Pläne

---

1. Situation, in der ich mich und meine **Erstreaktion** schützen möchte:

   ....

   Mein dazu passender Wenn-Dann-Plan:

   Wenn ....

   ....

   ....

   Dann ....

   ....

   ....

---

2. Situation, in der ich meine **Zweitreaktion** zeigen möchte:

   ....

   Mein dazu passender Wenn-Dann-Plan:

   Wenn ....

   ....

   ....

   Dann ....

   ....

   ....

Arbeitsblatt

Seminarende

Bevor wir zum letzten Seminarteil, der Wichtelrunde, kommen, möchte ich nochmals zusammenfassen, was ihr bisher geschafft habt. Zu Beginn habt ihr für euren Lernbedarf ein Bild gewählt, seid mit einem schönen Motto-Ziel über den Rubikon gekommen, habt euch Ideen für Erinnerungshilfen gegeben, eine B-Situation geplant und euch Wenn-Dann-Pläne gebaut. Eure Aufgaben für zu Hause sind jetzt, möglichst viele Erinnerungshilfen zu besorgen und zu installieren, euch für gelungenes neues Verhalten zu loben, regelmäßig B-Situationen zu planen und C-Situationen im Logbuch zu notieren. Dann wird euch das neue erwünschte Verhalten bald in jeder Situation zur Verfügung stehen.

Und jetzt kommt der Moment, auf den alle schon den ganzen Tag warten, die Wichtelrunde.

Rita bekommt von Mona eine amerikanische Silver-Eagle-Münze mit einem Adler auf der Rückseite. «Den kannst du in deinen Geldbeutel stecken, und jedes Mal, wenn du irgendwo bezahlst, trägt die Münze dich in luftige Höhen.» Manuel wirft ein: «Mona, der Wert dieser Silbermünze übersteigt die Fünf-Euro-Grenze deutlich.» Mona zuckt mit den Schultern: «Keine Ahnung, die kommt aus der Münzensammlung, die ich von meiner Großmutter geerbt habe, und sie passt wunderbar zu Ritas Ziel.» Rita freut sich sehr über die Münze und zeigt ihr neues, blaues Saphir-Armband, das an ihrem Arm funkelt.

Rita schenkt Manuel einen kleinen Karabinerhaken: «Der gibt dir die nötige Energie für deine lange Route.» Für sich selbst hat Manuel gestern Abend im Internet ein grünes T-Shirt mit zwei aufgedruckten Fußsohlen bestellt. Er hat das Produktfoto des T-Shirts vorläufig mal als Handy-Hintergrundbild abgespeichert und zeigt es in die Runde.

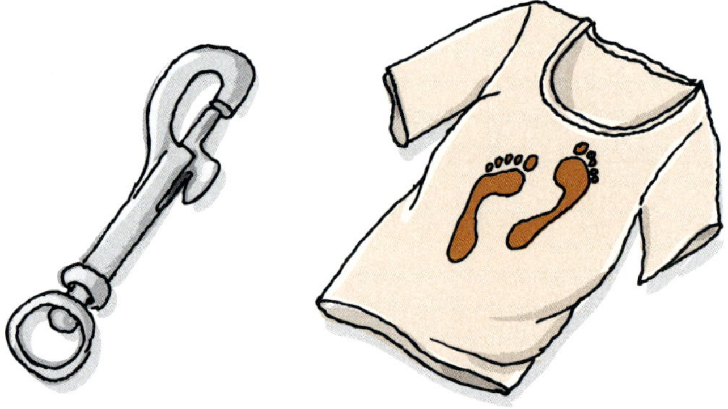

Thomas erhält von Manuel zehn kleine Spielzeugwölfe aus Plastik. Manuel grinst: «Hier hast du dein ganzes Rudel im Schreibtischformat.» Als eigene Erinnerungshilfe hat sich Thomas eine Tasse mit seinem Wolf bedrucken lassen. Die soll in Zukunft seine Büro-Kaffeetasse sein.

Für Mona hat Thomas eine Fruchtschale aus poliertem Wurzelholz mitgebracht: «Über die Fünf-Euro-Grenze möchte ich nichts hören, Manuel! Mir scheint, diese Investition lohnt sich für mich, wenn Mona sie mit vielen süßen Früchten füllt». «Großartig, Thomas, die lass ich direkt im Büro auf meinem Schreibtisch stehen. Meine eigene Erinnerungshilfe ist dieser wunderschöne, grüne Schal, den ich mir gestern gekauft habe. Ihr wisst ja, ich liebe Schals aller Art und zu jeder Jahreszeit. Schön, dass mir gestern ein Grund für ein weiteres Exemplar geliefert wurde. Danke, Anke!»

Wie es weiterging

Mona

Gleich am nächsten Tag besucht Mona das erste Autohaus und lässt sich ausführlich beraten. Sie erkundigt sich bezüglich Ausstattung, Preis, Unterhaltskosten und technischer Daten. Sie hat sich fest vorgenommen, den Entscheid nicht sofort zu fällen, sondern mindestens zwei weitere Autohäuser aufzusuchen. Dank gutem Priming fällt ihr das leichter, als sie es vermutet hätte. Nach fünf weiteren Beratungen im Lauf der folgenden Wochen entscheidet sie sich. Die Lieferzeit für ihr Fahrzeug beträgt acht Wochen. Als sie zum vereinbarten Zeitpunkt ihr Auto abholen will, trifft sie da auf Rainer. Als der ihr neues Auto entdeckt, befragt er sie zu den technischen Daten, und sie gibt ihm gern und souverän Auskunft. Da er ihr ganz gut gefällt, bietet sie ihm an, mit ihm eine Probefahrt zu machen, was Rainer gerne annimmt.

Im Geschäft ist Mona noch immer der aufgestellte Wirbelwind. In der Zusammenarbeit mit anderen wird sie jedoch immer geduldiger. Früher hat sie sich besonders in der Zusammenarbeit mit Manuel fürchterlich geärgert. Heute erinnert Manuels Zögern sie daran, dass sie vielleicht etwas zu schnell unterwegs ist.

Mona achtet nun auch darauf, ihre Geschäftstermine nicht mehr so eng zu verplanen und für die Kundenbesuche und -beratungen genügend Zeit einzurechnen. Und einer Idee von Rainer folgend, mit dem sie sich gern am Wochenende zu Ausfahrten trifft, hält sie sich neuerdings die Freitagnachmittage frei von Terminen, damit sie einmal wöchentlich in Ruhe ihre Pendenzen im Büro abarbeiten kann. Um in die dafür notwendige Stimmung zu kommen und dranbleiben zu können, hat Mona ihr Büro in einen kleinen Urwald mit vielen Pflanzen verwandelt. Seit sie die Konditionen der Verträge nicht mehr schnell zwischendurch berechnet, sondern sich dafür die nötige Zeit und Ruhe nimmt, stellt sie fest, dass sie weniger Flüchtigkeitsfehler macht und dadurch im Endeffekt sogar noch Zeit spart.

Rita

Dank ihrem Motto-Ziel kann Rita ihre Welt wahlweise aus großer Höhe mit Leichtigkeit im Überblick sehen oder mit Adlerblick auf die Details fokussieren. Ihre Umgebung hat sie nach kurzer Zeit mit vielen Erinnerungshilfen ausgestattet, um ihr neues neuronales Adlernetz möglichst schnell groß und stark zu machen. Erste Erfolge stellen sich rasch ein.

Wenn Rita heute den Tisch deckt, dann denkt sie immer an ihren Maggikünstler und stellt gelassen Maggi, Salz und Pfeffer auf den Tisch. Ganz zur Freude ihres Mannes. Der kann nun ohne großes Aufsehen sein Essen nachwürzen.

Rita ist begeistert von der Wirkung ihres Motto-Ziels. Auch beim Golfen ist es ihr eine große Hilfe. Um bei der Vorbereitung auf die Platzreife locker und entspannt zu bleiben, speziell bei den Abschlägen, wo Ruhe und Konzentration gefragt sind, macht sich Rita noch zusätzlich einen Wenn-Dann-Plan: Wenn ich einen Ball schlage, dann beschreibt mein Schläger einen perfekten Kreis.

Im Geschäft gelingt es Rita stetig besser, gnädiger mit sich und anderen zu sein. An Monas Geburtstag versäumt sie es sogar, Mona im Namen der Firma eine Karte zu besorgen. Anstatt sich über die eigene Nachlässigkeit zu ärgern, freut sich Rita insgeheim fast ein wenig darüber.

Nicht einmal der Anruf eines aufgebrachten Kunden, der sich darüber beschwert, dass die Software-Änderung noch nicht ausgeführt ist, bringt Rita aus der Ruhe. Sie verspricht ihm, sich darum zu kümmern und ihn umgehend zurückzurufen. Anstatt wie früher Thomas zu bitten, dieses Missverständnis mit dem Kunden zu klären, nimmt Rita Rücksprache mit Manuel. Da wird klar, der Kunde hat sich im Fertigstellungstermin getäuscht. Rita schwingt sich auf in große Höhen und weist den Kunden seelenruhig auf seinen Irrtum hin.

Manuel

Manuel hat nach dem ZRM-Kurs die zündende Idee, dafür zu sorgen, dass am kommenden Freitagabend die Pokerrunde bei ihm zu Hause stattfindet. Denn am Samstag ist Papierabfuhr, und irgendwie müssen bis dahin die gefühlten drei Kubikmeter Altpapier, die er angesammelt hat, vom dritten Stock auf die Straße geschleppt werden. Und dabei sollen ihm die Pokerfreunde helfen.

Manuels Freundin erinnert ihn wie verabredet daran, sich bei seinen Pokerkollegen nach einer Fahrschule zu erkundigen. Drei Tage später wird sein T-Shirt mit Fußabdrücken geliefert, das er sich im Internet bestellt hat. Er nutzt den dadurch erhaltenen Schub und meldet sich für die erste Fahrstunde an.

Nachdem Manuel feststellen musste, dass die Idee mit dem täglichen Einkauf utopisch ist, beschließt er, am Wochenende einen Großeinkauf zu machen und so das Wichtigste zu Hause zu haben. Seine Freundin hat bereits angedeutet, wenn Manuel so weitermache, dann könnten sie in absehbarer Zeit nochmals über das Zusammenziehen reden.

Mit dem ZRM-Training hat Manuel endlich eine Möglichkeit gefunden, rechtzeitig aktiv zu werden und nie mehr so unter Druck zu geraten. In seinem Büro hat er viele gelbe Wanderwegweiser-Schilder mit der Aufschrift «Los gehts!» aufgehängt, die ihn ständig an sein Ziel erinnern und auch jedes Mal etwas von der Umsetzungsenergie liefern, die er braucht.

Manuel ist besonders von den Wenn-Dann-Plänen fasziniert. Damit kann er nun sein eigenes Hirn und nicht bloß Maschinen programmieren. Dank seinem Wenn-Dann-Plan «Wenn ich zögerlich werde, dann sage ich mir: No risk, no fun» gelingt es ihm immer häufiger, die schwierigen Programmierarbeiten als Herausforderung zu sehen. Und mit seinem Wenn-Dann-Plan «Wenn Mona in mein Büro platzt, dann frage ich sie erst mal, ob sie einen Kaffee möchte» sieht Manuel selbst den plötzlichen Besuchen von Mona gelassen entgegen.

Thomas

Thomas kauft sich eine Jack-Wolfskin-Uhr, und im Internet hat er Wolftatzen-Sticker gefunden, die er an allen strategisch wichtigen Stellen aufklebt. Auf seinem Schreibtisch steht die Wolfstasse, und sein Mousepad ist zum «Wolfspad» mutiert.

Beim Heimkommen hat sich Thomas angewöhnt, jeden Einzelnen zu fragen, wie der Tag war. Die Kinder sind anfangs skeptisch und wollen wissen, ob er krank sei, aber bei Irene kommt sein Interesse sofort gut an.

Auf Irenes Wunsch besuchen die beiden seit drei Monaten einen Tanzkurs, er genießt diese Stunden mit ihr, und der Ehe tut es gut.

Die Diskussion mit Irene während der Autofahrt nach dem Elterngespräch meistert Thomas mit Bravour. Er hört sich Irenes Sorgen an und verspricht, sie in Zukunft bei der Überwachung der Aufgaben zu unterstützen. Zwar ist Thomas noch immer der Meinung, dass es keine Tragödie wäre, wenn der Sohn die Aufgaben nicht macht, aber wenn Irene das beruhigt, dann wird jetzt entsprechend kontrolliert.

Mit Rita setzt er sich täglich für ein Viertelstündchen zusammen, um über die einzelnen Mitarbeitenden zu sprechen. Dabei gleichen sie ihre Beobachtungen ab, und Thomas muss immer wieder feststellen, dass Rita noch ein deutlich besseres Gespür hat als er. Aber er wird von Tag zu Tag besser und hat mittlerweile richtig Spaß daran, auf die Befindlichkeiten der anderen zu achten.

Da Thomas beim besten Willen keine Naschereien in Wolfsform finden kann, entscheidet er sich, inspiriert durch die Jack-Wolfskin-Tatze, für Bärentatzen-Kekse. Sein Bärentatzen-Verbrauch ist dramatisch angestiegen, denn nicht nur er genehmigt sich für jede gelungene Aufmerksamkeit eine, sondern auch alle seine Angestellten. Aber das ist ja ganz im Sinne von «Ich achte auf mein Rudel».

Thomas ist überzeugt, dass das ZRM-Seminar für die «Grob Solutions GmbH» eine super Investition gewesen ist. Denn das Teamklima wird immer besser. Und durch die gute Zusammenarbeit im Team und dadurch, dass er nicht mehr ganz so unbesorgt unterwegs ist, hat er auch die Finanzen der Firma im Griff.

Ich und die anderen

So wie Rita, Mona, Manuel und Thomas ihr bevorzugtes Funktionssystem haben, mit dem sie durchs Leben gehen, haben das auch alle anderen Menschen auf dieser Welt. Wenn Sie eine Person in ihrer Umgebung kennen, die Sie unterstützen oder optimal führen wollen, müssen Sie zuallererst herausfinden, welches Funktionssystem diese Person bevorzugt nutzt. Denn je nach bevorzugter Affektlage brauchen Menschen unterschiedliche Umgebungsbedingungen. Dazu können Sie den nachfolgenden «Die-anderen-Test» im Anhang benutzen, der so umgearbeitet ist, dass Sie ihn auf eine andere Person anwenden können. Die einzige Voraussetzung ist, dass Sie die Person ein wenig kennen, um die erforderlichen Aussagen über sie machen zu können. Mit den Resultaten des Tests haben Sie eine erste Einschätzung über die bevorzugten Funktionssysteme dieser Person und können sich nun die optimale Unterstützung für sie oder den besten Umgang mit ihr überlegen.

Umgang mit anderen im Geschäftskontext

Thomas macht sich Gedanken, wie er seine Mitarbeitenden künftig besser unterstützen kann. Was sind ihre Stärken, wo liegen ihre Schwächen, und welche Möglichkeiten hat Thomas, um ihnen optimale Arbeitsbedingungen zu bieten? Es folgen Gedanken von Thomas über Rita, Mona, Manuel und sich selbst.

Rita

Rita ist empfindlich für negativen Affekt. Das heißt, sie macht sich oft Sorgen und grübelt lange, wenn ihr etwas schiefgegangen ist. Sie hat die Tendenz, ihre Aufgaben möglichst perfekt zu erledigen, damit sie auf keinen Fall Anlass zur Kritik bietet. Ich kann mir sicher sein, dass sie ihre Aufgaben gut macht. Wenn ihr doch einmal etwas misslingt, dann macht sie sich selbst schon genug Vorwürfe. Da muss ich nicht auch noch darauf rumreiten. Sie ist sich selbst der schärfste Kritiker. Rita braucht von mir in erster Linie Anerkennung und Lob, denn selbst gibt sie sich das selten – oder eigentlich nie. Ich muss ihr Aufmerksamkeit schenken, immer wieder mal auf ihre Bedenken eingehen, dann aber vor allem auch ihre Leistung würdigen und sie zu lösungsorientiertem Verhalten ermutigen. Dann kann sie ihre fehlersensible Erstreaktion sogar weiter als Ressource nutzen.

Durch meine Anerkennung sinkt ihr negativer Affekt, sie kommt in eine entspannte Stimmung und damit in die Lösungsorientierung, und das ist dann auch gut für mich.
Inzwischen weiß ich auch, dass sich Rita Interesse an ihrer Person wünscht. Aber echtes Interesse, das ist wichtig. Ein immer gleiches «Guten Morgen, wie geht's uns denn heute?» im Vorbeigehen kann ich mir sparen. Damit erreiche ich eher das Gegenteil, denn Rita merkt mit ihrem feinen Gespür für Unstimmigkeiten sofort den Unterschied zwischen einer Floskel und einer echten Anteilnahme. Da stoße ich auf mein großes Lernfeld: Interesse an den Bedürfnissen anderer Menschen zeigen und entsprechend handeln.

Zusammengefasst heißt das für mich:

- Rita braucht viel echtes Lob, das ist ihr Lebenselixier,
- aufrichtige Anteilnahme, wenn etwas sie belastet, und Würdigung ihrer Bedenken,
- immer wieder ruhige Einladung zur Lösungsorientierung,
- ehrliche Aufmerksamkeit gegenüber ihrer Person und vor allem
- einen sensiblen Umgang mit ihr im Gespräch; ich muss unbedingt auf meine Wortwahl achten.

Gut zu wissen

Menschen, die sich vornehmlich im System des **Fehler-Zooms** aufhalten, haben eine hohe Aufmerksamkeit für Details und stolpern über jede Ungereimtheit. Sie sind deutlich sensibler als andere Personen, da ihr negativer Affekt aktiviert ist. Eine erhöhte Sensibilität für negativen Affekt macht sie wachsam gegenüber Fehlern oder Ungereimtheiten in ihrem Umfeld. Das ist in gewissen Situationen durchaus vorteilhaft, wenn es z.B. darum geht, mögliche Fehler oder Gefahrenquellen zu entdecken oder detailgenau zu arbeiten. Ein Nachteil dieser Stimmungslage ist jedoch, dass die Aufmerksamkeit auf Fehler und Risiken fixiert bleibt und sie dadurch nicht in die Lösungsorientierung kommt, sondern Misserfolge persönlich nimmt und einer solchen Person Auseinandersetzungen tagelang nachhängen. Das kann zu Grübelei und Selbstzweifeln führen.

Menschen mit aktiviertem negativem Affekt haben einen erschwerten Zugang zu ihrem Selbst und somit wenig Überblick über ihre persönlichen Bedürfnisse und über ihre gesammelte Lebenserfahrung (und die anderer Personen), die Lösungen für die von ihnen so sensibel registrierten Probleme anbietet. Denn nur in einem entspannten Zustand mit gedämpftem negativem Affekt haben sie das nötige Feingefühl, passende Lösungen für das jeweilige Problem zu finden und zu merken, ob etwas gut ist für ihr Wohlbefinden oder eher nicht. Der fehlende Überblick über persönliche Fähigkeiten, Ziele, Wünsche und Bedürfnisse kann dazu führen, dass sie sich fremdbestimmt verhalten, und führt auf Dauer zu Überlastung und Erschöpfung. Deshalb ist es für diese Menschen wichtig, an ihrer Gelassenheit zu arbeiten.

Mona

Mona ist empfänglich für positiven Affekt, eine Frohnatur mit hyperaktiven Anteilen. Sie hat mir in einem unserer letzten Gespräche gesagt, sie brauche nur genügend Zeit und Geld und niemanden, der ihr dreinredet, dann sei sie glücklich. Da hat sie ja ihren Job als Außendienstlerin bei mir goldrichtig gewählt. Sie kann selbstständig arbeiten, über ihr Budget frei entscheiden und kann sich ihre Zeit so einteilen, wie sie es für richtig hält.
Allerdings sollte ich bei Mona ein Auge auf ihre Vertragsgestaltung haben, denn nüchterne, trockene Verstandesarbeit ist nicht ihre Stärke, schon gar nicht, wenn es darum geht, bei einem unangenehmen Ziel oder einem schwierigen Vorsatz am Ball zu bleiben. Manchmal verspricht sie unseren Kunden in ihrer Euphorie wirklich das Blaue vom Himmel und macht sich keine Gedanken darüber, wer das in welcher Zeit umsetzen soll. Aber dafür habe ich sie ja auch nicht eingestellt. Das ist eigentlich mein Job. Mona soll neue Kunden akquirieren, und das macht sie perfekt.

Muss ich Mona eigentlich loben? Hmmm, vielleicht ein bisschen und nicht ganz so persönlich, sondern eher auf einer lockeren Ebene (Small Talk, gemeinsames Scherzen), aber nicht so stark und persönlich loben wie Rita. Mona hat extrem viel Freude bei ihrer Arbeit. Die muss ich nicht zusätzlich motivieren, eher manchmal ein wenig bremsen und auf Dinge aufmerksam machen, die ein wenig Ausdauer verlangen. Mona kann ich in ihrem eigentlichen Tätigkeitsbereich einfach in Ruhe machen lassen, so wie bisher, dann ist sie kreativ und erfolgreich. Das fällt mir leicht. Was ich ihr zur Unterstützung vorschlagen könnte, ist, dass sie mir künftig die Vertragsgestaltung überlässt. Erstens macht sie das ja sowieso nicht gern, denn das hemmt ihren positiven Affekt und fühlt sich für sie gar nicht gut an. Und zweitens kann ich so vermeiden, dass Unmögliches zu einer lächerlichen Pauschale versprochen wird. Also, dieses Feld überlässt sie mir sicher gern.

Ich muss Mona

- selbst entscheiden lassen, was sie wann und wie macht,
- muss sie bei für sie langweiligen Arbeiten kontrollieren und unterstützen,
- sie ab und zu für ihre Arbeit loben,
- und bei zu viel Euphorie muss ich sie ein bisschen bremsen.

Gut zu wissen

Menschen, die ihren Alltag hauptsächlich mit der **intuitiven Verhaltenssteuerung** bestreiten, sind offen, spontan, interessiert und euphorisch bei neuen Projekten. Sie sind sensibel für positiven Affekt und handeln lieber, anstatt groß darüber nachzudenken. Da sie mit der intuitiven Verhaltenssteuerung Zugriff auf viele gelernte und automatisierte Verhaltensweisen haben, gelingt es ihnen mühelos, ihre Vorhaben in Handlung umzusetzen, solange keine echten Schwierigkeiten auftauchen. Wenn alles aus dem vorhandenen Verhaltensrepertoire abgespult wird, kann es allerdings schon einmal passieren, dass ihnen ein Fehler unterläuft, den sie hätten voraussehen können.

Menschen mit aktiviertem positivem Affekt arbeiten ungern mit dem Verstand, was aber dringend notwendig ist, wenn es um Aufgaben geht, die Anstrengung und Ausdauer erfordern. Deshalb haben sie Schwierigkeiten bei langwierigen oder komplexen Projekten, die mit dem Verstand gut geplant sein müssen. Dann stoßen diese Menschen mit der intuitiven Verhaltenssteuerung an ihre Grenzen. Aktivierter positiver Affekt lässt uns spontan handeln und erschwert den Zugang zum planenden Verstand, der ja bei schwierigen Projekten die Dämpfung handlungsbahnender Energie und positiven Affekts braucht, um vorschnelles und unbedachtes Handeln zu vermeiden. Langfristige Vorhaben und vorausschauende Planung lassen sich jedoch nur mit dem Verstand und dem dazu gehörigen Gedächtnis für schwierige Vorhaben gut bewältigen. Diese Menschen müssen lernen, ihren positiven Affekt herunterzuregulieren, um nüchtern zu planen, bevor sie handeln.

Manuel

Manuel ist eher unempfänglich für positiven Affekt. Er kann sich also nur schwer selbst motivieren, was für seine Arbeit als Programmierer sogar gut sein kann, weil der positive Affekt mehr für das motorische Handeln als für das Denken wichtig ist. Zu viel Handlungsenergie kann bei Denkaufgaben sogar schaden: Nicht auszudenken, was herauskäme, wenn Mona das Programmieren übernehmen würde. Andererseits, wenn es um Monas Spezialität geht, immer wieder spontan ins Handeln zu kommen, gerät Manuel an seine Grenzen: Bis er endlich in Fahrt kommt, dauert es schon ziemlich lange. Was er gar nicht verträgt, sind plötzliche und unerwartete Überfälle wie die von Mona. Er weiß lieber schon im Voraus, was wann in welcher Form auf ihn zukommen wird. Das heißt für mich, ich muss Manuel möglichst frühzeitig auf neue Aufträge oder Veränderungen bei laufenden Jobs hinweisen. Ich sollte ihm außerdem keine riesigen Brocken hinwerfen, über die er erst einmal tagelang nachdenken muss, sondern überschaubare Arbeitseinheiten, die er sich dann selbst zeitlich strukturieren kann.

Zu viele Aufgaben belasten den Verstand und dämpfen damit den positiven Affekt, sodass dann die Energie zum Handeln sogar noch mehr geschwächt wird. Apropos Zeit: Ich muss bei Manuel klare Zeitfenster installieren, damit er sich nicht im Denken und im Planen verliert. Und ich muss regelmäßig nachfragen, wie weit er mit seiner Arbeit ist, sonst schiebt er ungeliebte Aufgaben ewig vor sich her. In seine Arbeit muss ich ihm nicht dreinreden, die macht er wirklich gut. Aber Mona könnte ich ihm abnehmen und mit ihr vereinbaren, dass sie in Zukunft mir die Änderungswünsche der Kunden mitteilt. Und ich leite diese dann an Manuel weiter. Das weiß er sicher zu schätzen.

Also, noch mal zum Mitschreiben:

- Neue Aufträge kündige ich Manuel am besten zwei bis drei Tage vorher an
- und zerlege sie in gut verdauliche Einheiten.
- Dann vereinbare ich fixe Termine, wann ich mit Ergebnissen rechnen darf,
- und kontrolliere diese Termine regelmäßig.

Gut zu wissen

Menschen, die bevorzugt mit dem **Verstand** arbeiten, sind oft wenig empfindlich für positiven Affekt. Sie sind unschlagbar, wenn es darum geht, Projekte von langer Hand zu planen und alle Eventualitäten einzukalkulieren. Sie nehmen sich die nötige Zeit, um alles genau zu überdenken. Erst wenn sämtliche denkbaren Möglichkeiten in ihre Planung eingeflossen sind, schreiten sie zur Tat. Selbst langfristige Planungen sind für diese Menschen kein Problem. Sie verlieren Vorhaben, die sie nicht sofort umsetzen können, niemals aus den Augen, und sie können langfristig große Vorteile den kurzfristig kleinen Vorteilen vorziehen.

Der Nachteil dieser Menschen jedoch ist, dass sie nur schwer positiven Affekt hochregulieren können, um in die intuitive Verhaltenssteuerung zu kommen, wenn es um die Umsetzung schwieriger und unangenehmer Handlungen geht, die man allein durch Nachdenken nicht erreichen kann. Sie bleiben nicht selten überlange beim Planen und schieben deshalb unerledigte Aufgaben vor sich her. Wer zu diesem Typ gehört, muss lernen, seinen positiven Affekt selbstständig hochzuregulieren und sich selbst zu motivieren, um vom Planen ins Handeln zu kommen.

Thomas

Wie können eigentlich die anderen mich am besten unterstützen? Gute Frage..., hmmmm..., ahh, ich weiß: Mich können alle anderen am besten unterstützen, indem sie mich einfach machen lassen, ohne mir ständig dreinzuquatschen... Ich krieg das Kind schon geschaukelt.

Nein, halt, so einfach geht das nicht. Das war der alte Thomas, der sich bevorzugt in seinem Selbst aufhält. Dieser gedämpfte negative Affekt ist zwar gut für meine Stimmung und meine Gesundheit, denn ich habe den Überblick über alle Dinge, die mir wichtig sind, und kann bei Bedarf schnell Lösungen entwickeln.

Der neue Thomas hat schon dazugelernt und weiß, dass ihm der Zugang zu seinem Fehler-Zoom fehlt. Negativen Affekt hochfahren und den Blick auf unangenehme Details richten macht mir überhaupt keinen Spaß.
Aber genau das wäre mir fast zum Verhängnis geworden. Ich muss lernen, meinen Fehler-Zoom rechtzeitig zu aktivieren und ein Gespür dafür zu bekommen, wenn etwas schiefzulaufen droht. Ich habe zwar Rita als Großmeisterin dieses Systems neben mir, aber ich muss das auch selbst können. Nur so kann ich Unstimmigkeiten im Geschäft und zu Hause rechtzeitig wahrnehmen und gegensteuern.

Ich muss

- nach der Ursache schauen, wenn etwas schiefläuft,
- die Stimmungen der anderen wahrnehmen und darauf eingehen,
- aufhören, Missstände schönzureden,
- und ansonsten bleiben, wie ich bin.

Gut zu wissen

Menschen, die sich bevorzugt im **Selbst** aufhalten, können auch beim größten Stress ruhig und gelassen bleiben und negative Gefühle schnell und nachhaltig bewältigen. Sie haben ein gutes Gespür dafür, was ihnen guttut, und vermeiden automatisch Situationen, die sie belasten können. Es ist einerseits gut für die Gesundheit, nicht so empfindlich für negative Affekte zu sein, denn Stress ist gesundheitsgefährdend.

Die Kehrseite dieser entspannten Stimmungslage ist jedoch, dass ihnen der Fehler-Zoom, der Blick fürs Detail, fehlt. Mit ihrer Gelassenheit neigen sie dazu, wichtige Dinge, die zu der Unruhe um sie herum geführt haben, zu übersehen. Deshalb wirken Menschen, die sich häufig in dieser Stimmungslage befinden, oft unbekümmert und etwas oberflächlich. Gedämpfter negativer Affekt verhindert den Blick für Details. Aber nur durch detaillierte Analyse eines Misserfolgs, nur durch das Erkennen von Ungereimtheiten können neue Erfahrungen integriert und kann daraus gelernt werden. Diese Menschen müssen lernen, den negativen Affekt hochzuregulieren.

Umgang mit anderen in der Familie

Einige Zeit nach dem ZRM-Seminar in der Firma schlägt Irene vor, diese Methode auch in der Familie anzubieten. «Wenn ich sehe, wie gut das bei dir funktioniert, Thomas, dann bin ich mir sicher, dass auch die Kinder und ich davon profitieren werden.» Da Thomas insgeheim schon lange die Idee hatte, Irene vorzuschlagen, selbst einmal ein Motto-Ziel zu bilden, ist er sofort einverstanden und verspricht, bei Anke nachzufragen, was sie dafür brauchen und worauf sie achten müssen. Ankes Antwort kommt prompt.

Betreff: ZRM-Seminar
Von: anke@ismz.ch
An: thomas.grob@grobsolutions.ch
Beilage: Arbeitsblatt Wunschelemente

Lieber Thomas,

ich halte es für eine schöne Idee, ZRM mit deiner Familie durchzuführen. Deine Fragen will ich der Reihe nach beantworten.

Kann man ZRM auch mit Jugendlichen durchführen?
Ja, sehr gut sogar. Wichtig ist allerdings, dass sie freiwillig mitmachen, aber das gilt auch für Erwachsene. Meiner Erfahrung nach ist es sinnvoll, mit Jugendlichen nicht länger als zwei bis drei Stunden am Stück zu arbeiten.

Kann ich deine Bildkartei verwenden?
Die Bildkartei ist für Erwachsene zusammengestellt, Jugendliche können zwar auch damit arbeiten, finden unsere Bildsammlung aber meistens nicht besonders spannend. Deshalb haben wir im ZRM die Wunschelemente-Technik eingeführt, die ich dir erklären will. Das dazugehörige Arbeitsblatt findest du im Anhang.

Das Unbewusste denkt in Bildern – ob die von außen kommen oder aus dem Unbewussten selbst, spielt keine Rolle. Um Bilder aus dem Unbewussten statt aus einer Bildersammlung zu erhalten, arbeiten wir mit sogenannten Wunschelementen. Ein Wunschelement hat Eigenschaften, die man braucht, um in die gewünschte Affektlage zu kommen. Dazu eignen sich Tiere, Pflanzen, Landschaften, Sportarten, Fahrzeuge oder Personen. Der eigenen Fantasie sind hier keine Grenzen gesetzt.

Es gibt nun zwei Varianten, seinem Wunschelement auf die Spur zu kommen. Wenn man sein Wunschelement allein finden will, dann lautet die Frage, die hier gestellt werden muss: Welches Wunschelement hat Eigenschaften oder Ressourcen, die mir dabei helfen können, in das erwünschte System und die erwünschte Affektlage zu kommen? Die erste spontane Idee, die im Regelfall innerhalb von 200 Millisekunden vor dem inneren Auge auftaucht, ist dann das gesuchte Wunschelement, mit dem anschließend weitergearbeitet werden kann.

Die zweite Variante bedient sich der Ideen anderer Menschen, mithilfe der Ideenkorb-Technik. Die Hauptperson erklärt den anderen Personen, in welches Affektsystem sie gerne wechseln will, und die Gruppe spendet ihr dazu Ideen für mögliche Wunschelemente. Anschließend wählt die Hauptperson ihr liebstes Wunschelement aus.

Auf was muss ich bei den einzelnen Schritten achten?
Die Wunschelemente müssen, genauso wie die Bilder, ein starkes gutes Gefühl auslösen, sonst sind sie nicht geeignet. Bei den Ideenkörben zum Wunschelement unbedingt darauf achten, dass nur positive Ideen in den Korb kommen. Andernfalls kann es passieren, dass die Person mit ihrem Bild oder Wunschelement nicht mehr weiterarbeiten kann.

Die Affektbilanz solltest du erklären, damit bei dem daraufolgenden Arbeitsschritt klar ist, nach welchen Kriterien die Lieblingsideen ausgesucht werden. Bitte noch darauf hinweisen, dass auch eigene Ideen übernommen werden dürfen.

Bei der Absichtsformulierung (ich will mich fühlen wie..., ich will handeln wie..., ich will sein wie...) mußt du genügend Zeit lassen. Du weißt ja, es gibt Menschen mit unterschiedlichen Arbeitsgeschwindigkeiten und Ansprüchen an ihre Formulierungen.

Bei dem Motto-Ziel-Scrabble sind zuerst nur die folgenden drei Kennzeichen zu beachten:

- Motto-Ziele beschreiben eine Haltung,
- Motto-Ziele sind im Präsens formuliert,
- Motto-Ziele benutzen eine bildhafte Sprache.

Erst nachdem in Einzelarbeit mit den Lieblingsvorschlägen eine erste Fassung des Motto-Ziels erarbeitet wurde, kommt die Überprüfung auf die drei Zielkriterien, die ein Motto-Ziel von anderen Zielen unterscheidet:

- Das Motto-Ziel muss als Annäherungsziel formuliert sein,
- es muss vollständig unter eigener Kontrolle sein,
- es muss eine Affektbilanz von –0 und mindestens +70 aufweisen.

Beim Priming erkläre bitte den wissenschaftlichen Hintergrund und den Einsatz beim ZRM, du hast ja das Buch «Wolf packt La(h)ma», da steht alles Wichtige darüber drin. Alle sollten in ihrem Ideenkorb mindestens fünf Vorschläge für stationäre Primes und fünf Vorschläge für mobile Primes haben. Ihr könnt ja im Anschluss an diesen Arbeitsschritt ein Familien-Prime-Shopping veranstalten, ich bin mir sicher, da kommen alle gerne mit.

A-Situationen hast du schnell erklärt, die wichtigsten Punkte hierbei sind erkennen und sich loben.

Bei den B-Situationen lasst euch bitte Zeit, die gute Planung dieser Situationen ist wichtig für den erfolgreichen Transfer der neuen Haltung in den Alltag. Das Thermometer gibt einen Überblick über die Situationen, die euch regelmäßig begegnen und die ihr in Zukunft anders angehen wollt. Wenn jemandem keine Situationen einfallen wollen, dann könnt ihr euch gegenseitig unterstützen und auf Gelegenheiten hinweisen, in denen die neue Haltung sinnvoll wäre. Wenn fünf Situationen (über das Thermometer verteilt) gefunden sind, wählt die mit einem mittleren Schwierigkeitsgrad (40–60). Für den Anfang ist das die optimale Herausforderung. Mit einiger Übung können später auch schwierigere geplant und gemeistert werden. Bei dem Arbeitsblatt «Transfer in den Alltag» spendet euch wieder gegenseitig Ideen.

Die C-Situationen bitte erwähnen, damit klar ist, warum unter Umständen wieder altes Verhalten aufgetaucht ist, obwohl man sich doch «neu» verhalten wollte. Das Wissen um die C's ist für viele Menschen eine Entlastung. Hier gilt: sammeln und später nach Gemeinsamkeiten suchen. So werden C's zu B's und somit planbar.

Die Wenn-Dann-Pläne erarbeitet sich jede und jeder allein. Macht je einen Plan für eure Erstreaktion, die ihr gegebenenfalls schützen wollt, und einen weiteren Plan für die neue, erwünschte Zweitreaktion.

Die Arbeitsblätter kannst du dir unter **www.zrm.ch** herunterladen.

Liebe Grüße und viel Spaß dabei wünscht euch
Anke

Wunschelemente

Folgende Wunschelemente haben Eigenschaften, die mich in die angestrebte Gefühlslage bringen:

- Welches Tier?

  ....

- Welche Pflanze?

  ....

- Welche Landschaft?

  ....

- Welches Fahrzeug?

  ....

- Welche Person?

  ....

- Welche Sportart?

  ....

- Welches andere Wunschelement?

  ....

Arbeitsblatt

Anhang

Selbst-Test: PSI-Typ

Überlegen Sie sich, für welchen Lebensbereich (Geschäft, Privat...) Sie diesen Fragebogen ausfüllen möchten. Bitte geben Sie jeweils an, inwieweit die folgenden Aussagen auf Sie zutreffen (vielleicht auch im Vergleich zu anderen Personen):

1. Wenn etwas passiert, das mich sehr traurig macht, komme ich aus eigener Kraft rasch wieder auf die Beine.

0	1	2	3	4
☐	☐	☐	☐	☐
Stimmt gar nicht	wenig	etwas	überwiegend	ausgesprochen

2. Wenn zu viele unerledigte Aufgaben mich schwächen oder lähmen, dann kann ich mich bei Bedarf gut wieder in Schwung bringen.

0	1	2	3	4
☐	☐	☐	☐	☐
Stimmt gar nicht	wenig	etwas	überwiegend	ausgesprochen

3. Wenn ich gerade einen heftigen Streit mit einer für mich wichtigen Person hatte, fällt es mir schwer, eine anstehende wichtige Aufgabe in Angriff zu nehmen.

4	3	2	1	0
☐	☐	☐	☐	☐
Stimmt gar nicht	wenig	etwas	überwiegend	ausgesprochen

4. Wenn durch zu große Arbeitsbelastung meine Leistungsfreude sinkt, dann habe ich Mühe, aus meinem Motivationstief herauszukommen.

4	3	2	1	0
☐	☐	☐	☐	☐
Stimmt gar nicht	wenig	etwas	überwiegend	ausgesprochen

5. Wenn mir etwas Wichtiges richtig schiefgelaufen ist, kann ich das für einige Zeit auf sich beruhen lassen, um mich auf anstehende Aufgaben zu konzentrieren.

0	1	2	3	4
☐	☐	☐	☐	☐
Stimmt gar nicht	wenig	etwas	überwiegend	ausgesprochen

6. Wenn unangenehme Pflichten sich so anhäufen, dass meine Handlungsstärke nachlässt, dann kann ich mich sofort wieder motivieren, wenn ich es will.

0	1	2	3	4
☐	☐	☐	☐	☐
Stimmt gar nicht	wenig	etwas	überwiegend	ausgesprochen

7. Wenn ich wegen einer schlechten Beurteilung meiner Leistung geknickt bin, kann ich mich ganz schlecht auf neue Herausforderungen konzentrieren.

4	3	2	1	0
☐	☐	☐	☐	☐
Stimmt gar nicht	wenig	etwas	überwiegend	ausgesprochen

8. Wenn ich morgens schon merke, dass ich Dinge tun muss, zu denen ich gar keine Lust habe, dann fällt es mir schwer, mich aufzuraffen.

4	3	2	1	0
☐	☐	☐	☐	☐
Stimmt gar nicht	wenig	etwas	überwiegend	ausgesprochen

Auswertung

Zählen Sie wie folgt Ihre Punkte zusammen:

Frage 1 + Frage 3 + Frage 5 + Frage 7 = ... Achse für **negative** Affekte

Frage 2 + Frage 4 + Frage 6 + Frage 8 = ... Achse für **positive** Affekte

Interpretation

1. Wenn Sie auf der Achse für **negative** Affekte einen Wert von
   a. **0–8** erreicht haben, sind Sie eher empfindlich für negativen Affekt. Sie werden sich wahrscheinlich teilweise in **Rita** wiedererkennen. Ihr Lernbedarf ist die Selbstberuhigung.

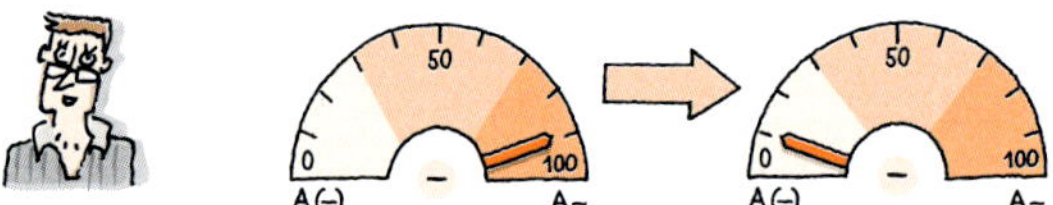

   b. **9–16** erreicht haben, sind Sie wenig empfindlich für negativen Affekt. Sie werden sich wahrscheinlich teilweise in **Thomas** wiedererkennen. Ihr Lernbedarf ist die Selbstkonfrontation.

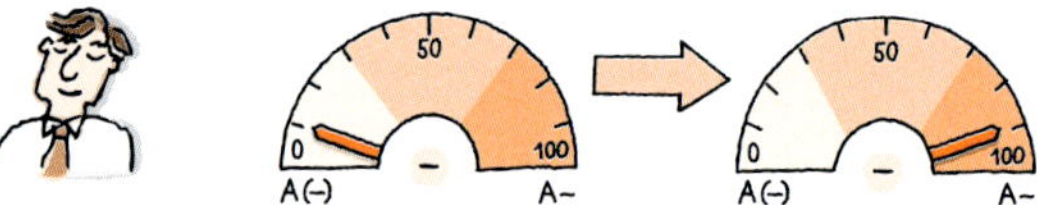

2. Wenn Sie auf der Achse für **positive** Affekte einen Wert von
   a. **0–8** erreicht haben, sind Sie wenig empfindlich für positiven Affekt. Sie werden sich wahrscheinlich teilweise in **Manuel** wiedererkennen. Ihr Lernbedarf ist die Selbstmotivierung.

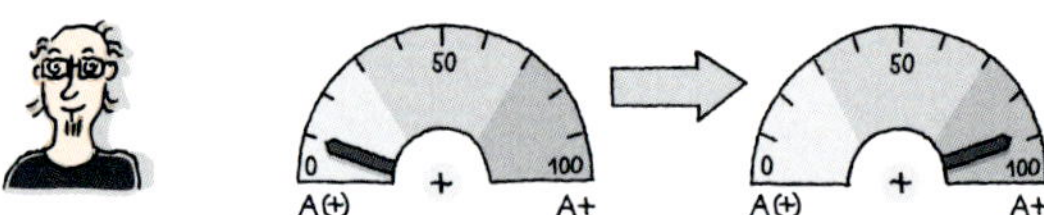

   b. **9–16** erreicht haben, sind Sie eher empfindlich für positiven Affekt. Sie werden sich wahrscheinlich teilweise in **Mona** wiedererkennen. Ihr Lernbedarf ist die Selbstbremsung.

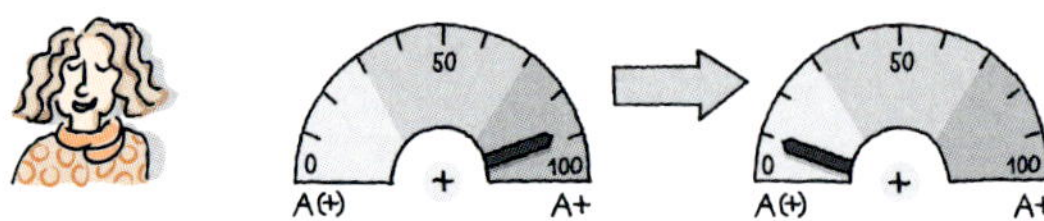

Die-anderen-Test: PSI-Typ

Überlegen Sie sich, für welche Person Sie diesen Fragebogen ausfüllen möchten. Bitte geben Sie jeweils an, inwieweit die folgenden Aussagen auf die Person zutreffen (vielleicht auch im Vergleich zu Ihnen oder anderen Personen):

1. Wenn etwas passiert, das sie / ihn sehr traurig macht, kann sie / er aus eigener Kraft rasch wieder auf die Beine kommen.

0	1	2	3	4
☐	☐	☐	☐	☐
Stimmt gar nicht	wenig	etwas	überwiegend	ausgesprochen

2. Wenn zu viele unerledigte Aufgaben sie / ihn schwächen oder lähmen, dann kann sie / er sich bei Bedarf gut wieder in Schwung bringen.

0	1	2	3	4
☐	☐	☐	☐	☐
Stimmt gar nicht	wenig	etwas	überwiegend	ausgesprochen

3. Wenn sie / er gerade einen heftigen Streit mit einer für sie / ihn wichtigen Person hatte, fällt es ihr / ihm schwer, eine anstehende wichtige Aufgabe in Angriff zu nehmen.

4	3	2	1	0
☐	☐	☐	☐	☐
Stimmt gar nicht	wenig	etwas	überwiegend	ausgesprochen

4. Wenn durch zu große Arbeitsbelastung ihre / seine Leistungsfreude sinkt, dann hat sie / er Mühe, aus ihrem / seinem Motivationstief herauszukommen.

4	3	2	1	0
☐	☐	☐	☐	☐
Stimmt gar nicht	wenig	etwas	überwiegend	ausgesprochen

5. Wenn ihr / ihm etwas Wichtiges richtig schiefgelaufen ist, kann sie / er das für einige Zeit auf sich beruhen lassen, um sich auf anstehende Aufgaben zu konzentrieren.

0	1	2	3	4
☐	☐	☐	☐	☐
Stimmt gar nicht	wenig	etwas	überwiegend	ausgesprochen

6. Wenn unangenehme Pflichten sich so anhäufen, dass ihre / seine Handlungsstärke nachlässt, dann kann sie/er sich sofort wieder motivieren, wenn sie / er es will.

0	1	2	3	4
☐	☐	☐	☐	☐
Stimmt gar nicht	wenig	etwas	überwiegend	ausgesprochen

7. Wenn sie / er wegen einer schlechten Beurteilung ihrer / seiner Leistung geknickt ist, kann sie / er sich ganz schlecht auf neue Herausforderungen konzentrieren.

4	3	2	1	0
☐	☐	☐	☐	☐
Stimmt gar nicht	wenig	etwas	überwiegend	ausgesprochen

8. Wenn sie/er morgens schon merkt, dass sie / er Dinge tun muss, zu denen sie/er gar keine Lust hat, dann fällt es ihr / ihm schwer, sich aufzuraffen.

4	3	2	1	0
☐	☐	☐	☐	☐
Stimmt gar nicht	wenig	etwas	überwiegend	ausgesprochen

Auswertung

Zählen Sie wie folgt Ihre Punkte zusammen:

Frage 1 + Frage 3 + Frage 5 + Frage 7 = ... Achse für **negative** Affekte

Frage 2 + Frage 4 + Frage 6 + Frage 8 = ... Achse für **positive** Affekte

Interpretation

1. Wenn diese Person auf der **Achse für negative Affekte** einen Wert von
   a. **0–8** erreicht hat, ist sie eher empfindlich für negativen Affekt. Sie werden sie wahrscheinlich teilweise in **Rita** wiedererkennen.

   b. **9–16** erreicht hat, ist sie wenig empfindlich für negativen Affekt. Sie werden sie wahrscheinlich teilweise in **Thomas** wiedererkennen.

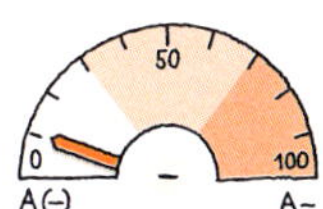

2. Wenn diese Person auf der **Achse für positive Affekte** einen Wert von
   a. **0–8** erreicht hat, ist sie wenig empfindlich für positiven Affekt. Sie werden sie wahrscheinlich teilweise in **Manuel** wiedererkennen.

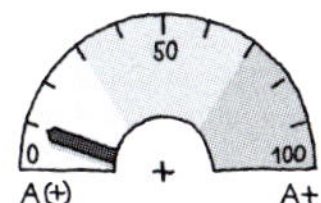

   b. **9–16** erreicht hat, ist sie eher empfindlich für positiven Affekt. Sie werden sie wahrscheinlich teilweise in **Mona** wiedererkennen.

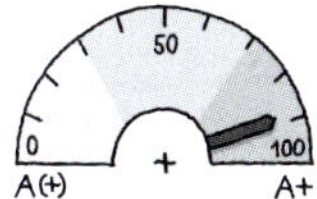

Literaturverzeichnis

Adam, H., Galinsky, A. D. (2012). Enclothed cognition. *Journal of Experimental Social Psychology, 48*, 918–925.

Bamberger, S. (2002). Effects of implementation intentions on the actual performance of new environmentally friendly behaviours – Results of two field experiments. *Journal of Environmental Psychology, 22 (4)*, 399–411.

Baumann, N., Kaschel, R., Kuhl, J. (2007). Affect sensitivity and affect regulation in dealing with positive and negative affect. *Journal of Research in Personality, 41*, 239–248.

Belsky, J., Pluess, M. (2009). The Nature (and Nurture?) of Plasticity in Early Human Development. *Perspectives on Psychological Science, 4 (4)*, 345–351.

Damasio, A. R. (2011). *Selbst ist der Mensch. Körper, Geist und die Entstehung des menschlichen Bewusstseins.* München: Siedler.

Holland, R. W., Hendriks, M., Aarts, H. (2005). Smells like clean spirit. Non-conscious effects of scent on cognition and behavior. *American Psychological Society, 16 (9)*, 689–693.

Hüther, G. (2001). *Bedienungsanleitung für ein menschliches Gehirn.* Göttingen: Vandenhoeck & Ruprecht.

Krause, F., Storch, M. (2010). *Ressourcen aktivieren mit dem Unbewussten.* Bern: Huber.

Oettingen, G., Hönig, G., Gollwitzer, P. M. (2000). Effective self-regulation of goal attainment. *International Journal of Educational Research, 33*, 705–732.

Renner, B., Schwarzer, R. (2000). Gesundheit: Selbstschädigendes Handeln trotz Wissen. In: H. Mandl, J. Gerstenmaier (Hrsg.). *Die Kluft zwischen Wissen und Handeln* (26–51). Göttingen: Hogrefe.

Roth, G. (2009). *Persönlichkeit, Entscheidung und Verhalten. Warum es so schwierig ist, sich und andere zu ändern.* Stuttgart: Klett-Cotta.

Storch, J., Weber, J. (2012). *Wolf packt La(h)ma. Wie Sie die Dinge zügig anpacken und konsequent erledigen.* Bern: Huber.

Storch, M., Kuhl, J. (2011). *Die Kraft aus dem Selbst. Sieben PsychoGyms für das Unbewusste.* Bern: Huber.

Wieber, F., Thürmer, J. L., Gollwitzer, P. M. (2015). Promoting the translation of intentions into action by implementation intentions: behavioral effects and physiological correlates. *Frontiers in Human Neuroscience, 9*, 395.

Die Autoren

Johannes Storch
Johannes Storch ist selbstständiger Zahntechnikermeister, zertifizierter ZRM-Trainer und ZRM-Ausbildungstrainer am Institut für Selbstmanagement und Motivation Zürich (ISMZ), einem Spin-off der Universität Zürich. Seine Arbeitsschwerpunkte sind Teamentwicklung mit somatischen Markern, Embodiment, Training von Gruppen und Einzelcoaching.

Corinne Morgenegg, lic. phil., Psychologin
Corinne Morgenegg ist diplomierte Berufs-, Studien- und Laufbahnberaterin und zertifizierte ZRM-Trainerin. Ihre Arbeitsschwerpunkte sind die Begleitung von Entscheidungs- und Veränderungsprozessen sowie Motivation und Persönlichkeitsentwicklung im Einzelcoaching und in der Gruppe.

Maja Storch, Dr. phil., Diplom-Psychologin, Psychoanalytikerin
Maja Storch ist Inhaberin und wissenschaftliche Leiterin des Instituts für Selbstmanagement und Motivation Zürich (ISMZ). Ihre Arbeitsschwerpunkte sind Motivation, Persönlichkeitsentwicklung, Selbstmanagement, Ressourcenaktivierung, Training und Coaching.
Zu ihren Themen hat sie zahlreiche wissenschaftliche und populärwissenschaftliche Publikationen verfasst.

Julius Kuhl, Prof. Dr.
Julius Kuhl vertritt seit 1986 das Fach Differentielle Psychologie und Persönlichkeitsentwicklung an der Universität Osnabrück. Nach mehrjähriger Tätigkeit in einem entwicklungspsychologischen Projekt am Max-Planck-Institut für psychologische Forschung in München und Forschungsaufenthalten in den USA (Stanford, Michigan) und Mexiko liegen seine Forschungsschwerpunkte im Bereich der Selbststeuerung und Affektregulation. Diese Forschung bildet die Grundlage für eine neue Persönlichkeitstheorie, die Fortschritte der Motivations-, Entwicklungs-, Kognitions- und Neuropsychologie integriert (PSI-Theorie).

Adressen im Internet

Das Zürcher Ressourcen Modell im Netz:
www.zrm.ch und **www.ismz.ch**

Informationen die PSI-Theorie betreffend:
www.impart.de, **www.psi-theorie.com** und **www.psi-schweiz.ch**

Die Arbeitsblätter im Netz:
www.zrm.ch und **www.ismz.ch**